成功从培养孩子的好习惯开始

晶 晶 张大力／编著

内蒙古人民出版社

图书在版编目（CIP）数据

成功从培养孩子的好习惯开始／晶晶，张大力编
著. --呼和浩特：内蒙古人民出版社，2021.10
（阳光未来丛书）
ISBN 978-7-204-16840-8

Ⅰ．①成… Ⅱ．①晶… ②张… Ⅲ．①家庭教育
Ⅳ．①G78

中国版本图书馆 CIP 数据核字（2021）第 172195 号

阳光未来丛书
成功从培养孩子的好习惯开始

编　著	晶　晶　张大力	
图书策划	石金莲	
责任编辑	晓　峰　李月琪	
封面设计	宋双成	
出版发行	内蒙古人民出版社	
地　址	呼和浩特市新城区中山东路 8 号波士名人国际 B 座 5 层	
印　刷	内蒙古爱信达教育印务有限责任公司	
开　本	710mm×1000mm　1/16	
印　张	11.25	
字　数	170 千	
版　次	2021 年 10 月第 1 版	
印　次	2022 年 2 月第 1 次印刷	
印　数	1—2000 册	
书　号	ISBN 978-7-204-16840-8	
定　价	32.00 元	

如发现印装质量问题,请与我社联系。联系电话:(0471)3946173　3946120

前　言

我国著名教育家叶圣陶先生说："什么是教育，简单一句话，就是要培养良好的习惯。"好的习惯可以克服惰性，化解困难，培养自信；差的习惯则让人玩物丧志，不思进取。

家庭基础教育时期，在打好孩子基本功的同时，培养他们良好的学习习惯是关键。而在习惯养成过程中，良好习惯初步形成后的巩固环节至关重要。学习过程中学生主体的参与，离不开自我审视和自行调控。因为孩子们作为学习的主体，对自己的学习情况有最全面深入的了解，最清楚自己的发展过程和心理感受，他们对学习状态的自我感受往往比他人（包括教师）更深刻。人文主义心理学家罗杰斯认为："当学习者自己可以决定评价的准则、学习的目的及达到目的的程度时，他才是真正在学习，并且对自己学习的所有方面负责。"

良好的习惯是教不尽的，任何的知识也没有教得尽的可能，那么，如何使教育起到最优化的效果？我们认为，教者，时刻要为不教做好准备。"知识那么多，哪里教得尽？样样知识一定要得老师教了才懂得，也不是办法，教育虽然着重在'教'字，最终目的却在受教育者自求得之。""何为教，目的在达到不需要教，故随时注意减轻学生的依赖性……"

为了达到不需要教，最关键的在于调动孩子们的积极性、求知欲，培养他们爱学习的好习惯。让孩子们做学习的主人，为他们自己的学习负责，做生活的强者，有明确的奋斗目标；对未知能去探索，有强烈的求知欲望；对是非有明确的界定，能分清好坏对错；对自己能严格要求，自制能力强，成为"学会学习"的一代新人。创造一定的自主学习空间，激发学习动机，提高学习效果，并且培养学习者自主学习的能力，以便他们离开学校以后能继续学习。培养自主学习能力要以学习者本身为主体，自主学习能力不是教师"教"出来的，而是学习者自己发展的。

习惯有好坏之分，好习惯一旦养成，就会如橡树那样忠诚而牢固，为孩子的未来生活保驾护航。而坏习惯同样顽固，一旦形成便不容易改变，会严重阻碍孩子的成才。

怎样培养孩子的学习习惯呢？除了学习习惯以外，还有哪些习惯对孩子的健康成长至关重要呢？作为家长，我们如何才能培养出一个有好习惯的孩子呢？

本书全面系统地解答了上述问题，分别从生活习惯、学习习惯、独立习惯、思考习惯、惜时习惯、自控习惯、品德习惯、礼貌习惯、交往习惯、理财习惯、健康习惯、乐观习惯等诸多个方面，非常完整详细地讲述了如何培养孩子好习惯的具体办法。

千万不要只重视孩子"学习习惯"的养成而忽视了其他习惯的培养。超级学霸但完全是生活白痴、少年天才却不会社交……在现实生活中，这样的例子已经太多。一个健康优秀的人一定是全面发展的。我们在教育孩子的时候也要遵循科学辩证的原则，既要让孩子养成好的学习习惯，也要让他们有良好的生活能力及交友能力；既要让孩子养成均衡的饮食习惯，也要让他们成为热爱锻炼、乐观开朗、文明礼貌的人。

本书能够顺利在一年多的时间里编写完成，离不开诸多学者和创作伙伴的精心协作和努力。在这里要特别感谢徐凤敏、陈镭丹、贾瑞山、晶晶、元秀、张大力、邓颖，感谢你们的努力与付出。在此付梓之际，一并向你们表示衷心感谢！

编委会

目　录

第一章　从小培养孩子勤学、善思的好习惯 ……………………… 1

别让孩子的时间在磨蹭中流失 …………………………… 3

让孩子体会学习的乐趣 ……………………………………… 5

不被学习赶着跑 ……………………………………………… 8

勤学好问，增长知识 ……………………………………… 11

探索发现让孩子走向成功 ………………………………… 13

教孩子虚心请教，不耻下问 ……………………………… 15

引导孩子多提问 …………………………………………… 17

不要让孩子粗心大意 ……………………………………… 20

专心致志，吸收更多知识 ………………………………… 22

爱思考的孩子才最具竞争力 ……………………………… 24

让孩子展开想象的翅膀 …………………………………… 27

第二章　培养孩子诚实自信、果敢独立的好习惯 …………… 31

养成勤俭节约的习惯 ……………………………………… 33

自卑让孩子变得悲观 ……………………………………… 35

自信的孩子才阳光 ………………………………………… 38

做自己行动上的主人 ……………………………………… 42

不要让孩子的涂鸦创作到处留痕 ………………………… 46

诚实守信，做人之本 ……………………………………… 48

敢于承担责任与后果 ……………………………………… 52

独立的孩子才最强 ………………………………………… 55

耐心的孩子最具韧性 ……………………………………… 58

第三章　好习惯从孩子的知礼、自力自主开始 …………… 63

培养懂礼貌的孩子 ………………… 65

孝敬父母要做好 ………………… 67

乐观开朗,生活愉快 ………………… 71

讲究卫生身体好 ………………… 73

孩子"吃手指"就会肚子疼吗 ………………… 76

挑食、偏食影响孩子身体健康 ………………… 77

不做赖床的"小懒虫" ………………… 80

生命在于运动 ………………… 82

自己的事情自己做 ………………… 85

整齐摆放自己的私人物品 ………………… 88

第四章　有爱又文明的习惯让你的孩子与众不同 …………… 91

热爱劳动,从小做起 ………………… 93

珍惜劳动成果最光荣 ………………… 95

做个"爱心小天使" ………………… 98

"享受溺爱"不可取 ………………… 102

别让孩子变成"小霸王" ………………… 104

暴跳如雷的孩子最可怕 ………………… 107

孩子也会有暴力倾向吗 ………………… 110

中华美德:尊敬老人 ………………… 112

谈话时的尊重方式 ………………… 115

文明用语,谨记心头 ………………… 117

有关爱才有回报 ………………… 119

第五章　培养孩子的创造力和培育良知一个都不能少 …………… 121

培养孩子学会观察认知美丽的世界 ………………… 123

孩子的创造力原来如此神奇 ………………… 125

教导孩子学会利用时间 ………………… 128

小笔头胜过脑袋瓜 ………………… 130

保护眼睛,让心灵之窗更加明亮 ………………………… 132

让孩子做个有道德良知的人 ……………………………… 134

正确对待孩子的顺手牵羊 ………………………………… 135

让叛逆的孩子回到校园中去 ……………………………… 138

第六章　成功的孩子都有会沟通、会团结、拒诱惑的好习惯 ……… 141

团队合作,共同进取 ……………………………………… 143

融入集体,不做落单的小朋友 …………………………… 145

自私自利的孩子交不到朋友 ……………………………… 147

严以律己,宽以待人 ……………………………………… 149

沟通具有神奇效用 ………………………………………… 152

让孩子吐露内心的真实想法 ……………………………… 155

依赖让孩子丧失生存能力 ………………………………… 158

别让电视成"杀手" ……………………………………… 161

网络是把"双刃剑" ……………………………………… 165

早恋"禁果",如此苦涩 …………………………………… 167

提高安全意识,保护自身安全 …………………………… 171

第一章

从小培养孩子勤学、善思的好习惯

阳光未来丛书
成功从培养孩子的好习惯开始

YANGGUANG WEILAI CONGSHU
CHENGGONG CONGPEIYANG HAIZI DE
HAOXIGUAN KAISHI

别让孩子的时间在磨蹭中流失

许多孩子爱磨蹭，爸爸妈妈很着急，可是孩子却怎么也不急。比如放学了，大家都走完的时候，总会留下一两个"小磨蹭"在慢吞吞地收拾书包，这就是孩子磨蹭的常见表现了。

而这一现象，通常并不是因为孩子"脑袋笨"造成的。有关专家做过测试，证明这绝对不是智力方面的因素造成的。其实，拖沓只是一个习惯，并不是一个人的个性特征，也不是性格缺陷。我们在帮助孩子改掉这个坏习惯时，必须让孩子明白这一点：拖沓是我们都可以改变的习惯。

岚姗是个乖巧的小朋友，也是个让人心急的"小磨蹭"。她做起事来总是慢吞吞的，不慌不忙，"从容到底"。从吃饭穿衣，到画画儿、写字、做游戏，她做事情总是不能按计划进行，常常忘掉该做的事情。

每次和爸爸妈妈一起出门，总要父母不停地催促，小岚姗才慢慢悠悠地从房间里出来。要岚姗帮妈妈做些事情，再三催促下，她还是不能按时完成。仿佛爱磨蹭是岚姗无法克服的坏习惯一样。

对此，她的爸爸妈妈特别着急，曾特意带着女儿向专家请教，问专家是不是孩子脑袋笨造成的。

对于像岚姗这样做事磨蹭的孩子，我们可能会这样想："这个孩子为什么做每件事都磨磨蹭蹭的？难道是从我这里遗传了拖沓的基因？"或者"我们家没一个人做事拖拖拉拉，这孩子怎么会这样呢？"

种种猜测与疑问让爸爸妈妈们百思不得其解，其实，造成孩子做事慢的因素通常有两个：

◎孩子在做事情时，动作不熟练。各部位不能协调统一动作，同时缺乏一定的生活技能，所以导致他们做事情比较缓慢。

◎孩子的时间观念差，做事情缺乏紧迫感，也就是常说的"慢性子"。

3

当然，除了孩子自身的原因外，我们在生活中的不良习惯，也影响了孩子的行动能力。比如多数爸爸妈妈平时喜欢边吃饭边看电视或书报，有的父母也会因疲倦或懒惰而做事拖时间。这些不好的行为正在不知不觉中影响着我们的孩子。

所以，我们要先纠正自己的坏习惯，为孩子做个好榜样，才能更有效地改掉他们的坏习惯。那么，怎样才能纠正孩子磨蹭的坏习惯呢？我们给父母们的建议是：

锻炼孩子的动手能力，帮助孩子提高动作的熟练和敏捷程度

我们可以将枯燥的教条变为有趣的游戏，比如和孩子比赛穿衣服或比赛收拾屋子，看谁动作快。通过这些比赛，既可以锻炼孩子的动手能力与熟练程度，又能让孩子掌握生活技巧。

有意识培养孩子的时间观念

在孩子开始做一件事之前就为他规定好完成的时间，并且要以这个时间为限制，然后根据孩子完成的情况，给予表扬或批评。

在孩子慢慢的进步中，我们也要适时给孩子鼓励，让孩子知道自己在进步，时间在缩短，效率在提高。这样，对孩子养成好习惯会有积极的作用。

为孩子制订时间方案

孩子一旦养成了磨蹭这个坏习惯，就会在生活的各个方面表现出来，从吃饭穿衣到学习工作。所以，我们帮助孩子纠正这个坏习惯，要从多个角度来分析，为孩子制订全面的时间方案。

规定孩子在多少时间内要完成多少任务，而不能一拖再拖。做完以后，可以共同讨论，对方案进行调整，争取下次做得更好。对年龄较小的孩子，如果我们能参与到这些计时活动中，效果会更好。

让孩子体会学习的乐趣

现代社会竞争激烈，想要生存首先就要学会做事、学会适应环境、学会发展自己。这就要求我们的孩子要德、智、体全面发展，而学会学习则是这一切标准的重要前提。

那么，用什么方法才能让孩子们知道怎么学习，并从中体会到乐趣而爱上学习呢？

爸爸妈妈们始终在不知疲倦地寻求答案，却没有得到满意的说法。在我国，大部分孩子不能体验到学习的乐趣。有的别说乐趣了，提起学习就厌烦至极。学习变成了一件让孩子们万分焦躁的事情。

许多孩子对学校现在开展的课程并无兴趣可言，像物理、化学这样探索性较强的课程只受到部分学生的喜爱，而上课听不懂的学生对这些课程可称得上是"恨之入骨"了。

像语文、数学、英语这些课程，孩子们也还是提不起学习的兴趣来。更为严重和让老师们纳闷的事情就是连音乐、美术、体育这类以前很受欢迎的课程，现在也得不到多少孩子的好评了。

其实，孩子们的学习动力来自于对好成绩的追求，而不是兴趣。这就是为什么越是学习好的孩子越刻苦读书，越是成绩差的孩子越逃避学习的主要原因了。学习好的孩子渴望将自己的良好成绩一直保持下去，正是这种渴望成了孩子们前进的动力。

而学习成绩相对较差的孩子则对自己的学习抱着放任不管的态度，因为成绩出来的那一刻他们不能感觉到自己有所成就，而是产生非常严重的挫败感。正是这种伤人的失败感，让成绩不理想的孩子开始恐惧学习、逃避学习。而孩子不爱学习只是表面现象。爸爸妈妈们要明白孩子不学习的真正原因，不是他生来就厌恶学习，而是他恐惧学习给自己带来的挫折感。

许多孩子都感到学习给自己的身心造成了严重的负担。当然，一切都不是一定的，这其中也有少许的例外，大发明家爱迪生就是一个特殊的例子。

爱迪生8岁时才开始上学念书，进的那所学校只有一个班级，校长和老师都是恩格尔先生。学校课程设置呆板，老师还经常体罚学生。老师讲课枯燥无味，引不起爱迪生的兴趣，因此，他从来没有好好地在椅子上坐过。

老师在讲台上教课，他就在下面走动，有时还跑到外面去。有时候，他会收集附近人家丢弃的物品，制造一些奇奇怪怪的东西带入教室。他整天就玩这些东西，完全不注意老师在台上讲些什么。长期下来，老师感到很头痛，因为爱迪生经常妨碍别人上课。

一次，在上算术课的时候，老师讲一位数的加法，许多学生都安静地听讲，只有爱迪生忽然举手发问："二加二，为什么等于四？"老师被问得张口结舌。

不久老师把爱迪生的母亲叫到了学校，对她说："爱迪生这孩子一点不用功，还老是提一些十分可笑的问题。昨天上算术课时，他居然问我二加二为什么等于四，你看这不是太不像话了吗？我看这孩子实在太笨，留在学校里只会妨碍别的学生，还是别让他上学了吧。"

爱迪生的母亲非常生气地说："我认为爱迪生比同龄的大多数孩子聪明，我会教我的爱迪生，他再也不会来到这里！"

此后，爱迪生便在母亲的亲自指导下如饥似渴地汲取着人类先哲的智慧思想。爱迪生的母亲具有高超的教育才能，因此把家庭教育办得生动活泼。

春天，树木抽出嫩枝时，她和儿子坐在屋门前，边晒太阳边上课。

夏夜，天上是密密麻麻的星星，庭院里一片葱绿，她和儿子来到高高的瞭望塔上，边纳凉边读书。

入了秋，爱迪生又念上了《鲁滨孙漂流记》这一类文学作品。

冬天，天寒地冻，她又与儿子在一起围火授课。她讲地理，如同把爱迪生带到世界各地周游，漂洋过海，登山探险；她讲英文，又非常注意为他打下良好的基础；特别是她教文学，使爱迪生对雨果敬慕不已，以至于朋友们都管他叫维克多·雨果·爱迪生。

在这些教育中，爱迪生深深地体会到读书的重要，他说："读书对于智慧，就像体操对于身体一样。"他认为，母亲是真正理解他的人。后来，爱迪生说："我在早年发现了慈母是如何有益。当学校教员叫我笨蛋时，她来到学校为我极力辩护，就从那时，我决定要给她争脸面，不辜负她对我的期望。她实在是真正理解我的人。"

正是母亲良好的教育方法激发了爱迪生对学习的兴趣，在学习中爱迪生体会着无限的乐趣，而这些新生事物对他的吸引，让爱迪生一步一步走向成功，最终成为举世闻名的科学巨匠。

每个爸爸妈妈都不甘心让孩子落在别人的后面，于是，逼着孩子上进。许多很有天赋的孩子，因为父母对他们过多的干涉与压力，从而产生厌学情绪，最终放弃学业！

正确的做法是巧妙地让孩子对学习产生兴趣，并学会主动学习，这才是真正解决的方法，而只有父母一方面的加油鼓劲是起不到任何作用的。

现在社会上讨论的热点是"减负"。孩子抗议书包太重，家长提议减轻书包，就连学校也在积极配合这一举措。可是，书包减轻了，孩子们是否就在心理上接受了学习，开始热爱学习了呢？

其实不然，现在的孩子们仍旧很抗拒学习，看来他们心里过重的负担并没有随着书包的减轻而消失。态度决定一切，逼着年幼的孩子去"啃"书本，不如教给他用快乐的态度去自觉自愿地学习。可是怎样才能让贪玩的孩子喜欢学习呢？家长可以选择这样的方法：

缩短时间法

掌握孩子上下学的时间，不要让孩子放学后过多地在外面逗留。在孩子学习时要培养他讲求效率的学习习惯，认为增加学习时间就能强制孩子学习的想法是完全错误的。

调整计划法

孩子看电视或卡通书正入迷时让他去做功课，他肯定会相当不情愿。爸爸妈妈们可不要硬来，等稍微过一阵子，再提醒孩子去做功课。但是我们要注意，理解孩子不代表溺爱他们，更不是无休止地迁就。

轮换科目法

孩子如果一直做同一门功课，很快就会产生厌烦情绪，这时，家长可以让孩子换一个科目做。这样，可以调节孩子们的大脑活动，有利于孩子们更快学习新知识。

目标激励法

当孩子取得小小的进步时，我们应该首先表扬孩子在学习上取得的点滴成绩。在这时，也可以"趁热打铁"为孩子树立一个新的小目标，从而激励孩子的求知欲，提高孩子的学习兴趣。

不被学习赶着跑

当孩子讨厌学习、逃避学习时，父母将如何应对呢？抱怨与愤怒都是愚蠢的、毫无意义的。我们要学会用更加理智和有效的方法来应对厌学的孩子，分析原因，发现孩子所处的困境，然后开始行动。在一次家长会上，一位家长谈起自己的孩子直叹气，他说："谈起我的小孩，那可真叫人心急。都三年级了，做什么都懒洋洋的：上课不认真听课；作业要么不写，要么写得一塌糊涂；考起试来总比别人家的小孩差。说也说过了，骂也骂过了，我拿他是一点办法也没有。"

在家庭教育及青少年教育的探索中，许多家长都会问一个十分相似的问题——孩子的学习问题。而且比较突出的问题又是孩子不爱学习怎么办？

那么，孩子为什么不爱学习？

因为许多孩子的学习过程是痛苦的过程，根本没有乐趣可言，更谈不上享受。而那些学习好的学生，优秀的成绩使他们经常在学习中体验到成就感，成就感又转换成学习的乐趣。

而成绩差的学生，不良的成绩则使他们在学习中仅仅体会到了一种失败感，失败感又转换成厌学情绪，恶性循环导致孩子最终放弃学业。那么，让我们来一起分析下孩子们的学习问题吧。在教育孩子成长的过程中，你是否常会遇到如下的问题？

◎孩子认为学习的目的是为了家长。

◎孩子对学习没有什么兴趣，一拿起书本就开始烦躁不安。

◎孩子花了很多时间学习，但总是无法取得进步。

◎孩子必须要家长不断提醒，成绩才会稍有起色。

其实，许多父母谈起自己的孩子都有类似的看法。这些小家伙在父母眼里是不愿好好学习的孩子，在老师眼里是不愿好好学习的学生。对于这些孩子，有没有什么能引起他们的兴趣呢？

只要学校和家长始终不放弃对孩子的耐心教育，每一个孩子都会变成父母所希望的那样：勤奋好学且健康快乐。

首先，当孩子在学习中取得小小的成绩，哪怕那些成绩和别的孩子比起来微不足道时，我们也要站出来鼓励和表扬孩子这点小小的进步，让他感觉到只要在学习上有所进步就能得到父母绝对的肯定。

对于孩子的每一点进步，不管多微小，我们都应表现出认同、欣慰的态度，使孩子感到他的努力是值得的，是应该为此付出的。

上面讲的是正确的做法，与之相反的是有些家长在看到孩子的成绩单后，总是拿隔壁邻居家的小孩同自己的孩子进行对比，然后打击批评自己的孩子，骂孩子无能，甚至动手打孩子。

这样做，使孩子感受不到学习的快乐感与自豪感，只能让孩子恨透了父母拿来同自己比对的那位小朋友。

幸运的父母或许能看到孩子的上进，不幸的父母得到的只是一个上进心不强的孩子。其实这都是不应该出现的情况，作为自制力还比较差的孩子，有错误出现是难免的，我们作为家长，若对有些问题采取不理智的行为，那就大错特错了。

作为家长，应该正确看待孩子们的学习成绩。目前，家长和老师都是把一张成绩单作为衡量孩子好与坏的标准。孩子的成绩单是多少分，那么这个孩子的做人成绩就是一样的分数，这是错误的看法。

我们为人父母应该懂得学习成绩的评定并不能全面反映一个孩子的真实情况，并非所有的孩子都具有同样的能力，不要把孩子的分数看得太重，孩子点滴的进步家长都应该承认，并给予鼓励。

孩子不爱学习不一定是智力差所致，父母对孩子学习态度不正确、对孩子的学习指导不当、孩子本身早年养成的不良学习态度和习惯等都是原因。

其中，孩子早年养成的不良学习态度和习惯对孩子学习的影响最大，因为这将直接关系到他们后天的学习态度。另外，孩子不爱学习的一个重要原因是因为成绩不好，使他们失去了学习的信心及兴趣。

为此，我们首要的任务是设法激发孩子的学习动机。动机来源于需要，在学习的过程中，孩子会有三种需要：兴趣、成就感及受到赞赏。当孩子通过自己的努力满足需求后，就会对学习产生好感，然后逐渐爱上学习。

面对不爱学习的孩子，最忌操之过急，张嘴骂或动手打等，这样终将弄巧成拙，增加孩子对学习的厌恶感。多数父母看到不爱学习的孩子，不问青红皂白只将孩子狠狠地责备或打骂一顿，并没找出孩子不爱学习的真正原因，这正是教育的失败之处。

家长应该不时给予孩子鼓励与奖赏，通过赏罚分明的方式让孩子了解及改正他们的过错。需要强调的是，遇上孩子学习不好、不爱学习时，家长不应只抓分数，而要抓学习态度，从根本上找原因。

考试只是评估孩子对知识的掌握程度，并不代表其他诸多方面，不可因为一份不理想的成绩单就埋没了孩子所有的闪光点。培养孩子的学习兴趣，让孩子不再"厌学"，爸爸妈妈可以试试以下的方法：

◎正确引导孩子的学习兴趣，发现孩子的潜质，用发展的眼光看待孩子。

◎不单纯地用分数来衡量孩子的能力。

◎当孩子取得优异的成绩，爸爸妈妈要及时给予鼓励，肯定和认同孩子为此付出的努力。

◎用正确的教育方法来对待孩子，不用粗暴的手段打骂孩子，使孩子对父母产生抵触甚至逆反心理。

勤学好问，增长知识

我们只要注意观察就会发现，孩子一旦具有表述能力的时候就开始不停地问父母问题。这些问题多不符合逻辑，让人无从解答。

等孩子稍微大一点的时候，问题就变得越来越多。我们每天工作已经很烦躁了，面对呢喃不停的孩子，我们多数选择回绝或者装作没听见，根本不会因为孩子爱提问而感到满心鼓舞，相反倒觉得厌烦不已。

我们如此地随便敷衍，并不给予耐心的说明和解释，会扼杀孩子的好奇心，让孩子的潜在智力随着我们的沉默而消失。而正是我们使孩子的潜在能力枯死，到孩子上学时我们才大惊小怪地叫嚷："为什么我的孩子成绩这样糟糕呢！"而这一切又能去责怪谁呢？

美籍华人李政道教授在一次同中国科技大学少年班学生座谈时指出："为什么理论物理领域作出贡献的大都是年轻人呢？就是因为他们敢于怀疑，敢问。"他还强调说："一定要从小就培养学生的好奇心，要敢于提出问题。"

老师在课堂上总是鼓励孩子们举手问问题，他们觉得成绩好是一方面，能对自己所学的学科提出疑问，才是真正在思考、在理解。所以，学校中的老师，非常注重培养孩子勤学好问的习惯。那么，我们看看国外的孩子，是不是也一样勤学好问呢?

当小保尔提出问题时，保尔的父亲总是给予鼓励，并耐心回答，绝不欺骗保尔。在教育上，保尔的父亲觉得再没有比教给幼儿错误的东西更为可恶的了。在给孩子解答问题时，保尔父亲的说明并不是难懂的，而是充分考虑到孩子在现有知识下，是否能完全接受。

更难能可贵的是，当问到连自己也不懂的问题时，这位父亲就干脆老实回答说："这个爸爸也不懂。"于是，父子两个人就一起翻书，或者去图书馆查阅资料，从而也给年幼的小保尔灌输了追求真理的精神。

在给小保尔的教育中，父亲坚决排斥那些不合理的和似是而非的解答。

我们千万不要在不经意间就扼杀了孩子好问的天性，作为父母，我们应该注意从小培养孩子虚心好问的习惯，我们可以从以下几个方面进行培养：

有问题可以问老师

告诉孩子有不明白的问题，不可得过且过或羞于开口，要善于发问，大胆问问题。如果孩子平时有不敢问、不善问的缺点，就鼓励他去问，一旦有些问题是通过问老师、同学而获得解答，我们要及时给孩子鼓励与称赞。

给孩子讲著名人物大胆发问、敢于发现问题的生动故事，启发孩子质疑、发问。

可以找一些存在问题的读物，鼓励孩子找出错误。

一段时间后，提醒孩子不要滥问一气，确实不懂的，才需要去询问。

探索发现让孩子走向成功

"动脑筋"是孩子认识世界的根本途径之一。而在许多家庭中，孩子处在至高无上的位置，基本上对任何事物都采取不管不问的态度。生活中的衣食住行，全部由父母打理齐备，饭来张口，衣来伸手，这些看似不合理的事情，却是每个家庭中最常见的风景。

长时间懒惰导致了孩子愚笨，这是很正常的因果关系。孩子们本来天资聪颖，但最后却成了"小笨蛋"，究其原因就是孩子太不爱动脑筋了。不爱思考，不喜欢去发现问题并探索问题的孩子，往往是无责任心、无生存能力的。

那么，心急火燎的爸爸妈妈们到底该怎样做呢？

首先，我们应该要求孩子去做他所能做的一切事情，而不能只学书本知识，局限在一个有限的小范围内。

很多年轻的父母在生活中可能都会发生这样温馨的情景：抱着刚刚学说话的孩子观赏一朵花，你指着那盆花说："那是一朵花。"然后将所有描写花如何美丽的词汇都细细地讲给宝宝听。当爸爸妈妈陈述完毕的时候，宝宝会不太连贯地重复你说过的话。下次再遇见美丽的花朵，孩子会指着花，兴奋地说："这是花，是妈妈讲过的那种花。"这就是帮助孩子思考的过程，是孩子们不断学习解决问题的基本运作。

许多父母对孩子的教导，往往停留在初级阶段，未作深一层次的启发与指导。认为随着孩子的成熟，自己的智商已远不及孩子，于是停止了对孩子的指引，放手让孩子自己去发现生活中的问题。而溺爱让孩子们丧失了搜寻问题并解决问题的能力。

因此，要让孩子不断进步，发现问题并且学会思考，还是离不开父母指导的。如果一切由孩子自己去尝试摸索，那这个孩子在整个求学过程中很可能落后。作为父母，适时地推孩子一把，是有必要的。

通过对日常生活事物的分辨、归纳、整理、分析，孩子的思考能力开始慢慢进步，处理资料的方式和过程越来越精细熟练，越来越合逻辑，这就是一个人智力发展的过程。

在学校里，孩子的学习成绩之所以存在差异，很多人都将它归于天赋，说这是孩子天赋不如别人。其实这是不对的，真正的原因是孩子没有去细心观察生活中的小问题，没有养成善于思考的好习惯。

日常生活中的对话，往往是训练孩子思考的好机会。作为父母，我们可以教孩子认识新鲜的事物，并作出正确分析，更可以让孩子通过语言的表达，说出自己的思想和观点。

孩子在发表自己意见的时候，父母不要打断他。等孩子陈述完毕后，正确的部分，我们一定要给予孩子肯定和认同；不正确的部分，则予以适当的更正即可。

语言的表达是日常生活的一部分，父母一定要教会孩子使用正确的语言，表达正确的观念，因为它是思考的一部分。但是父母们往往忽视了这一点，孩子们说话不完整，语句颠倒，内心想法无法用语言表达清楚等等，这些都是不好的现象。但是爸爸妈妈们在发觉后却没有及时进行矫正。长此以往，孩子的思考能力是一定会受到影响的。

由于现在生活节奏快，竞争压力大，多数的爸爸妈妈忙忙碌碌，很少与孩子沟通，甚至是没有任何沟通，这是不正确的做法。这样一来，不但我们与孩子之间的感情得不到好的维系，更无法纠正孩子在语言表达上的错误与不足了。

正确的做法是：

◎父母亲要多陪陪孩子，给孩子表达自己想法的机会，并让他/她把所要表达的观点说得清清楚楚。

◎当孩子表达不清楚时，父母要及时补救。

◎找一些通俗有趣的故事和童话，多念给孩子听，并讨论其中的情节。

孩子们的脑子是非常聪颖的。只要我们稍稍注意一下对孩子语言和思考能力的培养，孩子们就会展示出惊人的进步。如果孩子不爱动脑的话，我们可以从以下几个方面入手，改善孩子目前的情况。

◎培养孩子动脑筋的兴趣，激发孩子求知的欲望，引导孩子动脑筋解决。

◎从易到难、循序渐进培养孩子动脑筋的兴趣。

◎将培养孩子动脑筋的兴趣融进生活之中。

◎让孩子读一些幼儿刊物，多看少儿节目，引导孩子动手、动脑。

◎带孩子到大自然、到社会中去感受生活，拓宽孩子们的生活空间。

◎运用激励的手段，让孩子尝到动脑筋的甜头，享受到成功的喜悦。

除了以上几点，我们也应该让孩子分担一些力所能及的家务事或工作，这样不但能让孩子在劳动或工作中发现问题，得到启发，也能考验孩子的个人协调能力。所以，最好的探索和启发是源于生活的。

教孩子虚心请教，不耻下问

大家都喜欢谦虚的孩子，而讨厌自以为是的人，谦虚是我们尊崇的人性美德。谦虚谨慎的人往往受到人们的好评，而夸夸其谈的人，大家会说这个人很轻浮，不能信任。可见，谦虚待人是能让人产生好感的，所以，我们要培养孩子谦虚待人的好习惯。

杜雷刚从大学毕业，走出校门那一刻他对自己的前途充满了信心。杜雷在学校一直都表现得很出色，多次获得征文比赛的大奖。杜雷一心只想到贸易公司工作，为此，他投递了多份个人简历。

其中有一家公司写了一封信给他："虽然你自认文采很好，但是我们看了你写的简历，直言不讳地说，你的文章写得很差，甚至还有许多语法上的错误。

杜雷受到严重的打击，心里直冒火："我怎么可能在履历表上出错呢?"但是，当他回头仔细查看了他的简历时，发现确实有些他没有察觉出来的错误，而这些错误的拼写和语法自己一直都这样用，却一直都不知道它们是错的。

于是杜雷写了一封感谢信给这个公司，小卡片上是这样写的："谢谢贵公司为我指出我经常犯的错误。我会更加细心的。"几天后，杜雷再次收到这家公司的信函，通知他可以上班了。

这个故事告诉我们，谦虚的态度是实现梦想的前提。故事中的杜雷也正是靠着谦虚的态度，赢得了自己梦寐以求的职位。看来，态度决定一切，谦虚的态度能赢得梦想。

并且，一个谦虚的人能学到更多东西，只有承认人外有人、天外有天，才能认识到学无止境的含义，才能放开眼界，不断吸收新知识。有才能是值得佩服的，如果能再用谦虚的美德来装饰，那就更值得敬佩了。

教会孩子要谦虚，不骄不躁，我们给父母们的建议是:

表扬孩子要适度

我们提到过要适时适量给予孩子表扬与鼓励。但是，我们要很好地把握这个尺度，过度表扬会让孩子产生骄傲浮躁的情绪，甚至会认为自己是最优秀的，这就与我们的教育目的背道而驰了。而且这种骄傲情绪一旦产生，再纠正就困难了。

所以，我们在表扬孩子的时候要掌握好"火候"，恰到好处的表扬能使孩子尝到成功的滋味，又不会骄傲自满。

多为孩子讲述优秀的故事

多为孩子讲述同时代、同年龄其他孩子的优秀事迹，这样对孩子更具有激励作用。让他们知道很多事物的优越性都是相对的，我们所拥有的，永远都微不足道，所以我们没有理由不谦虚一点。

我们要以身作则

我们在生活小事上也要表现出谦虚谨慎的态度，切不可有骄傲自满的表现，因为孩子极易受父母的感染，也特别爱模仿父母的行为与举止。

为孩子营造好的氛围

在教育孩子谦虚的同时肯定孩子的长处，让孩子认识到只有谦虚才能使人不断进步。不能只表扬孩子的优点，或者只批评孩子的缺点，片面的教育方式是我们始终应该排斥的。

引导孩子多提问

孩子在小的时候，总是有无数的疑问，喜欢问爸爸妈妈，喜欢问爷爷奶奶，身边的亲戚和邻居就像"答题机"一样，不厌其烦地回答着孩子提出的问题。正是这些看似简单的小问题，让孩子充分认知了这个世界。

可是，随着孩子年龄的增长、青春期的临近，他们越来越不善言谈。拒绝与家人沟通，更懒得去为自己的疑惑寻找答案了。久而久之，孩子就变得沉默寡言，不爱问问题。

当然，有的孩子仍旧保持着喜欢问问题的习惯，遇到不会或不明白的问题就会去虚心请教。

向老师或同学请教，直到问题解决，他们才会满足。而有的孩子，总是那样的"无声无息"，上课时不举手回答与提问，课下也只是完成作业，不对书本进行深刻理解与思考。

正是因为孩子的思考停滞或不够积极，所以，他们无法提出自己的疑惑，因为表面的知识他们理解了，就不作深入的思考了。久而久之，这样不但不利于孩子的学习，还会影响到孩子的思考能力。看来，爱提问这个好习惯，是孩子们不可缺少的学习习惯之一。

许多爸爸妈妈抱怨，说孩子对自己不懂的问题，不管重要不重要，从不肯问别人，无论是老师还是同学，甚至包括家里人。而且，不管父母怎样开导，都没有任何效果。

翔宇的妈妈说，翔宇自上高中以来，其他方面都挺好，就是在学习上遇到问题时总不爱问老师，上课也不积极回答问题，偶尔被叫起来回答问题，也是支支吾吾、前言不搭后语的。

为此，翔宇的妈妈多次开导儿子，可就是不见起色。翔宇的学习成绩也渐渐往下掉，这可真急坏了翔宇的父母。

对于一些孩子不爱问问题的习惯，我们可以从以下几个方面来纠正：

分析孩子的心理因素，重视提问的重要性

分析孩子的心理因素，看看是不是自卑或者胆怯导致孩子不敢提问。我们还要让孩子体会到提问的重要性以及必要性。

锻炼孩子的胆量，让孩子敢于提出自己的疑惑

锻炼孩子的胆量，最直接的方法就是让孩子多与别人接触，比如让孩子自己买油盐酱醋，让孩子去邻居家做客与邻居阿姨聊天，等等。不要总让孩子待在家里看电视，要多带孩子外出旅游或参观。

我们要积极鼓励孩子多参加社会实践，多接触人。社会沟通首先能让孩子学会开口说话。之后，如果孩子再遇到疑惑，会考虑说出来，让爸爸妈妈帮忙解决。

宽松的家庭氛围必不可少

我们平时要尽可能营造一个宽松和谐的家庭环境。或许孩子的提问在我们看来非常不符合逻辑，但是我们也要认真对待，不能阻止孩子提问，更不能因为孩子的提问没有价值，就置之不理，这都是错误的做法。

正确的做法是对孩子提出的问题，我们能回答的要尽量给以满足；一时不能回答的，可启发孩子去问别人，或者自己去查找资料。

而且，在平时，我们要尽可能同孩子一起玩耍，培养感情，可以随意提出几个问题，家庭成员一起讨论。一旦孩子开口发表自己的意见，说明他已经有勇气将自己内心的疑惑说出口了，在学校也就敢提出自己不懂的问题了。

让孩子的自信心胜过内心的自卑

许多孩子不爱提问的原因是他们太自卑，有太多的顾虑阻止了他们发问的想法。他们害怕说错了被老师批评，害怕被同学嘲笑，害怕被父母指责，而这些都是不必要的担心。

或许是某一次的失败，让孩子尝到了挫折感的可怕，于是，他们放弃了再次提问的想法。归根结底的原因在于孩子好面子与自卑感强，为了暂时不丢面子，宁可让问题堆积起来。

而消除这一症结的方法就是靠培养孩子的自信心，鼓励孩子提问，大胆走出第一步，以循序渐进的方法来培养孩子形成好习惯。

让孩子掌握正确的提问技巧

首先，我们要教会孩子发现问题的方法，只有发现问题才能提出问题。许多孩子读书时不会思考，因而找不出问题所在。所以，我们要教导孩子读书时尽量开动脑筋，才能有所收获。

其次，孩子在发现问题后，与老师或同学沟通时总是不能清楚地表达自己的观点。我们要教会孩子如何阐述自己的疑问，要做到陈述简单明了，从而获取别人最大的帮助。

不要让孩子粗心大意

孩子的考试卷发下来，我们发现，孩子常常犯一些不该犯的错误，比如小数点的位置放错了，句子忘记加标点符号了。这些小纰漏总是伴随在孩子左右，尽管父母苦口婆心教育孩子"考试时要细心认真"，可是孩子依然我行我素。造成这一现象的根本原因就是孩子的粗心。

虽然，人人都可能粗心大意，但是这一现象在孩子的身上表现得更为明显。这可不是一个好习惯，我们要帮助孩子彻底改掉这个坏毛病。否则，孩子做事往往粗心大意，小小的疏忽有时会酿成很严重的后果。

孩子们多数是因为对知识掌握不够熟练，所以，没有达到本能的反应，以致错误出现后，没有及时发现，因而丢失了分数。如果，孩子对所学的知识了如指掌，稍有错误，他们就会立刻发现，粗心也就随之避免了。

还有的孩子，非常聪明，成绩也不错，但是总不能拿满分。其实，是因为这群孩子习惯了粗心，考试时过于自信，一个笔误就可能造成分数的丢失。当然，还有的孩子大大咧咧，不拘小节，粗心当然在所难免。

孩子粗心的原因有很多，主要是以下的几个方面。

◎性格方面：孩子因为性子急所以容易粗心。

◎态度方面：孩子对学习不认真就容易粗心。

◎熟练方面：由于孩子对知识半生不熟导致粗心。

◎认识方面：孩子完全没有意识到粗心对自己的危害，因而不会注意改正。

粗心的孩子习作时总是一口气做完全部的题目，然后就慌张地跑出去玩耍。他们缺少再检查一遍的习惯与耐心，对自己的答案十分自信。于是，少了检查这必不可少的一步，孩子的粗心自然而然留在了卷面上。为了让孩子学会主动发现错误，我们可以要求孩子：

◎放慢习作时的速度，将作业按一定步骤完成。

◎要求孩子完成题目后必需检查。

◎可以做一道题，检查一道题，确定题目正确无误，再往下进行。

只要按这个步骤要求孩子，很快他们粗心的现象就会明显减少。我们要善于利用生活中的条件来改变孩子粗心的问题，单一枯燥的说教对粗心这个顽固的毛病是丝毫没有作用的。

下面，我们就介绍几个不错的方法，希望对父母们有所帮助。爸爸妈妈们可以利用下面的方法，循序渐进，帮助孩子改掉粗心大意的坏习惯。

孩子的习作草稿也要做到认真细致

许多老师要求孩子在写作文前要打出草稿，算数题也要在草稿上演算。但是，多数孩子，在草稿上书写时就已经出现粗心的错误，后面一连串的问题当然接踵而来。

所以，我们要监督孩子的习作，让他们用同样认真的态度对待草稿上的文字。只有这样，才能将粗心导致的错误尽量避免，即使草稿上出现疏漏，只要孩子改正过来，作业本上就不会出现因粗心而犯的错误了。

而这一方法，也有利于孩子克服粗心的毛病，培养孩子做事认真细致的好习惯。

尽量一气呵成

孩子们喜欢依赖橡皮，因为粗心了，出现错误了，可以擦拭，正是因为错误能轻易地改掉，所以孩子们习惯于错了就擦，还错再擦的习惯。

可想而知，这很容易让孩子养成坏习惯。我们作为家长，可以要求孩子尽量避免使用橡皮、改正液之类的文具，从开始就认真细致，尽量不出错，这样就不会出现错错改改的现象了。

检查的工作不要丢给老师和家长

写完作业，做完卷子，检查再三是理所当然的，可是有许多孩子喜欢把这一重要的工作丢给父母或老师来完成。有的爸爸妈妈怕孩子作业出错，就替孩子来检查。天天如此，完全替代了孩子该做的事情。

这样一来，孩子也容易产生依赖心理，想着爸爸妈妈能帮自己检查出来，自己完全不用担心会有错误存在，所以，做作业时就粗心大意。我们尽量不要代替孩子来进行第一遍的检查。考试的时候，我们不在，孩子的卷子又由谁来检查呢？

父母与孩子互动，一起克服粗心的坏习惯

可以与孩子一起讨论哪些题目容易出错，或者让孩子自己提出曾经因为粗心而犯的错误。这样亲子互动的形式更能加深孩子的认识与记忆，也能很好地推进父母与孩子之间的关系。粗心的习惯人人都有，我们要以耐心的态度来与孩子一起克服。

专心致志，吸收更多知识

孩子在学习的时候，最常听到的唠叨就是："专心学习行不行，不要左顾右盼。"

爸爸妈妈苦口婆心，换回的只是孩子不屑的反叛。有的孩子干脆把笔一扔，自顾自玩去了；而有的孩子，听到父母的批评后，只能坚持很短的一段时间，没有多久，就又开始注意力不集中，不能专心投入学习中去了。

调查研究发现，专心投入可以使人注意力集中，充分利用大脑的神经系统，协调并且高效率地完成任务。分心的孩子，左顾右盼，分散了注意力，大脑也左右开弓，这样三心二意的学习是没有任何效率的，甚至连本来已经掌握的知识也会遗忘。

其实，每个孩子都是聪明的孩子，都可以很好地投入一件事中去，可能是因为爸爸妈妈的引导方式不同，因而产生了差异。这时，多数父母要说话了：我家的孩子只有玩游戏的时候专注，学习的时候特别懒散，注意力完全不能集中，总是左顾右盼，心思完全不在学习上。

看来，孩子们还是可以专心从事某一项活动的，只是在学习的时候不能用心专注。那么我们要怎样培养孩子专心学习的习惯呢？看看教育家卡尔·威特是怎样对待自己儿子的吧！

老威特严格规定儿子的学习时间和游玩时间，以培养他专心致志的学习习惯。在小威特学习功课时，老威特绝不允许有任何干扰。开始时，平均每天给他安排15分钟的学习时间。在这个时间，小威特如果不专心致志去学习，就会受到父亲的严厉批评。

在学习中，即使妻子和女仆人问事，他也一概予以拒绝："小威特正在学习，现在不行。"客人来访。老威特也不离开座位，并吩咐道："请让他稍候片刻。"老威特是如此用心良苦，就是为了培养小威特在学习时养成一种严肃认真、专心致志的习惯。

小威特每天只花费一两个小时的时间在学习上。正是由于在学习时专心致志，效率极高，才使他赢得了更多时间从事运动、休息和参加社交等。只有做事时专心致志，孩子才能取得成功。要想提高孩子的学习成绩，培养和开发他们的智力，第一步就要注意培养和训练他们的注意力，养成专心致志的习惯，我们给父母们的建议是：

给孩子营造安定的家庭气氛

为了使孩子养成专心的习惯，我们要为孩子营造安静的家庭气氛，不要总是让客人在孩子周围晃动，分散孩子的注意力；也不要在孩子学习的桌子上摆放玩具与课外图书。这些都容易分散孩子的注意力，更不能允许孩子一边看电视，一边做作业。

学习的时间要明确划分

如果作业太多，可以分段完成。但是千万不要因为孩子的作业多，就让他长时间处在学习与玩耍混沌不清的状态。要为孩子分配好学习时间，要求孩子在规定的时间内尽量完成学习任务，适当的紧迫感能使孩子专心投入其中。

让孩子做力所能及的事情，循序渐进，慢慢培养孩子专注的习惯

只有为孩子合理安排好学习时间，才能让孩子有剩余的时间来从事力所能及的事情。可以为孩子分配一些简单的家务，从点滴小事来培养孩子的专注心，而不是仅仅从学习方面来培养孩子。

爱思考的孩子才最具竞争力

我们身为爸爸妈妈都知道，一个勤于思考的孩子，才是有竞争力的孩子。可是，现在的小宝贝们往往是懒得去想，一想就开始烦躁。只有在学习的时候，他们才会去动下小脑筋。在平时的生活中，他们才懒得想、懒得管呢。

如果一个孩子没有养成勤于思考的好习惯，那他就丧失了立足社会的能力。所以，我们一定要培养孩子动脑筋的习惯和能力。现在的孩子什么都懒得去做，父母已经为他们安排好了一切，他们习惯了懒惰的生活，甚至懒得去动脑筋了。这主要表现在孩子的学习上，有的孩子读书就是单纯地读，不会举一反三，不会多渠道寻找答案。其实，现在的孩子都是很聪明的，只是孩子们不愿意动脑筋。一个不能思考的孩子很难在激烈的社会竞争中立足，最终只能惨遭淘汰。

其实每个孩子都有勤于思考的天性，都希望做自己行动上的主人，不被别人支配。许多父母认为自己处事经验丰富就剥夺了孩子思考与做决定的权利，这是错误的做法。我们应该让孩子学会自己思考，帮助他养成勤于思考的习惯。

现在的孩子聪明，这是人们的共识，可是聪明的孩子们却经常被父母指责什么事都不会做。造成这种现状的原因又是什么呢？

经过有关人员的调查，最终得出如下结论：造成孩子们懒得动脑筋的原因，就是高科技时代的生活让一切都变得更为轻松了，而轻松的生活减少了孩子们动手动脑的机会。数百名中小学生曾参加过一个随机调查，调查结果表明：

95%的孩子课余时间的主要活动是看电视，而动画片是孩子们最喜欢的节目。这些孩子中有时间读课外书的不到20%，有听广播习惯的不到1%。在调查中，只有不到10%的孩子经常参加户外活动，而大多数孩子的主要游戏项目是电脑游戏。

在家庭生活中，能帮助家长做家务的孩子有50%以上，其中90%以上的孩子使用洗衣机、微波炉、吸尘器等设备。

所以，孩子们觉得做家务很简单，不用动脑筋。而孩子在自己的生活中早已实现了"全自动"，就连削铅笔也是"自动化"的。在这样的生活环境中，需要孩子动脑筋解决问题的机会确实不多。

倒退到我们生活的年代，我们在小的时候很少看电视，大多数课余时间用来看书或听广播，在没有图像可以提供我们参考的情况下反而更能充分激发我们的想象力。那时的游戏多是集体性的户外游戏，需要小伙伴们相互机智配合才能完成。

而现在的孩子一有时间就呆坐在电脑前，不知疲倦地在虚拟的游戏里拼命厮杀。在过去的生活中，因为条件所限，想要什么玩具就要自己亲自动手去找材料组合拼装，而正是这一点可以锻炼孩子们的动手能力和动脑能力。

生活的时代变了，教育孩子的方式同样也需要变化。不会思考的孩子是没有未来的。我们可以回望历史，看看那些在历史上有所成就的伟人，他们之所以伟大的原因是什么？是什么最终成就了他们的伟大和不凡？

没有完全相同的两个孩子，每个孩子都有自己与众不同的地方。一个孩子，可以在很多方面与别人不一样，比如体质、家庭条件、受教育程度等，但是这些都不是决定性的。

最终决定孩子发展的只有一个因素，那就是这个孩子的思考能力。只有拥有较强的思考能力才能灵活应对今后的社会竞争。而不擅思考的孩子是没有竞争力的弱势群体，必然不能立足于社会。

养成勤于思考的习惯对一个孩子来说是至关重要的。思考，可以让孩子理解、记忆，在现有的知识层面上配上自己的独特理解。同时，思考也是孩子将零散的知识归纳集中的一个整理过程。

养成勤于思考的习惯，能让孩子在读书的同时做到真正动脑筋，而不是成了书呆子，读"死书"，只读不理解。而且，思考能激发孩子的创作灵感与独特思维，让您的孩子与众不同。

那么，我们怎样才能使孩子养成勤于思考的好习惯呢？下面给出几条简单的小建议，希望爸爸妈妈们能作为参考用。

让孩子认真思考，避免因小聪明而犯错误

许多孩子，有了自己的看法，不多加思考，就会脱口而出，这并不是勤于思考的表现，相反的，这是孩子懒于思考的行为。所以，我们要引导孩子深思，遇到问题要想清楚后再发表自己的看法。

尽早培养孩子勤于思考的好习惯

孩子在幼年时期，总是有千奇百怪的想法，我们要抓住这一时期，尽早培养孩子爱思考的好习惯，而且越早越好。

问题随处存在

周末陪同孩子去郊外，或者参观大型建筑物，都可以为孩子提出思考的问题，供孩子们思考。当然，问题要具有启发性，正确的指引才是好的教育方法。

给孩子发表自己看法的机会

我们在一起谈论家事时，孩子再小，也会有自己的思维与看法，我们

应该让孩子发表自己的观点。或许因为孩子年龄还小，他们的观点不被我们所接受，但是，我们不能剥夺他们说出来的权利。

让孩子展开想象的翅膀

想象力是人才的翅膀，创造离不开想象，想象力是创造性人才不可缺少的基本素质。我们要重视孩子想象力的培养，让他们从小展开想象的翅膀，在知识、创造的天地里自由翱翔，无拘无束。

善于想象是孩子的天性。在对新生事物没有明确的概念前，他们喜欢靠自己的小脑袋想出答案来，比如带孩子去观赏夏日的星空，孩子瞪大眼睛望着深邃的天空，思绪早已飞翔，他们会望着星空，想到太空，甚至整个宇宙。

由此可见，孩子是具有丰富想象力的，孩子的想象力就是他们飞向成功的翅膀。

科学无处不在，无时不在。我们要鼓励孩子善于观察、勤于思考、勇于探索，敢于创新。孩子们要展开想象的翅膀，在广阔的空间中翱翔。

虽然不是每一次想象都能得到父母的认同，可是很多科技成就都源于想象，比如人类最初对太空的想象，由此发明了飞机、飞船。

现在，我国的航天事业正在蓬勃发展，而持续不断的发展需要更多的青少年参与，这就更加需要众多的孩子能够展开想象的翅膀。

那么，爸爸妈妈们一定非常迫切地想知道，怎样做才能帮助自己的孩子插上想象的翅膀呢？最简单的方法就是父母给孩子讲故事。俗话说"读万卷书，行万里路"，坐在家中听爸爸妈妈讲故事就是孩子认知这个世界最简单的途径。

孩子可以透过这个小小的窗口去认识这个世界上各种千奇百怪的新鲜事物，也可以对自己听到的故事产生联想和大胆的想象。既然这个方法这么好，那怎样讲才是正确的，如何做才能恰到好处呢？下面就传授一些爸爸妈妈们给孩子讲故事的经验吧！

父母们首先要从选择故事入手，一定要根据孩子的年龄来选择适合他们阅读的故事。只有符合年龄特点并容易被孩子们理解的故事，才会让他们产生浓厚的兴趣，引起孩子们的注意。

正常情况下，2~3 岁的孩子思维还没有独立，喜欢以动物为主人公的童话，内容上应做到简单、易懂。爸爸妈妈们面对可爱的宝宝可以讲述一些生活小常识、小儿歌等，只要具有童趣，语言生动活泼就可以了。

4 岁以后呢，孩子已经具备了一定的理解能力和思维能力，这个时候就可以讲一些品德教育、科学常识等方面的趣味小故事了。

虽仍然要求读起来简单易懂，但是此时我们面对的宝宝已经变成儿童，所以在故事情节上，要有小的起伏与波动，这一点小小的区别能引起孩子思维与想象的大脑活动。

其次，家长讲故事之前自己就要先熟读故事，掌握故事内容情节。在为孩子讲述故事之前，我们自己就要知道这个小故事讲的是什么内容，情节有哪些变化，哪一句该用什么语气来讲述等等。

充分掌握了这些要点之后，当孩子作好了聆听的准备时，我们最好把书放在一边，尽量将整个故事完整有序且绘声绘色地描述给孩子。

要避免为孩子讲故事时结巴和生疏，这会打消孩子听故事的积极性，让他们丧失对故事本身的兴趣及听下去的耐心。如果在讲故事时，我们有大大的彩色图片和模型等来作辅助，那就再好不过了，这些小道具可以让孩子瞪着大大的眼睛与您分享读书的快乐。

我们讲故事时要注意观察孩子的反应，发现其注意力不集中，要分析原因，随时调整策略。

年幼的宝宝注意力很难集中，我们选择的故事一定要简短，要特别容易理解。当宝宝开始出现注意力不集中的表现时，我们可以适当改变自己的语调以引起宝宝的注意，或将原有的语气表现得更为夸张一些。

听觉上的刺激，可以最直接地引起宝宝们的注意。当宝宝张口想发表自己的看法时，爸爸妈妈们请耐心听完宝宝可能不太完整的陈述，不要不耐烦，更不要从头讲到尾，不看孩子一眼，不给孩子发问的机会。

要知道，更好的互动才能更积极地调动起孩子的想象力和脑细胞。下面传授几个讲故事时可以用到的小方法和小技巧。

布置任务法

讲故事之前就将一会儿要孩子回答的问题一一列出，比如故事里的小主人有什么特征，最后小主人的结局是什么，等等。让孩子带着问题去聆听，可以让他更全身心地投入故事的情节中去。

设疑问法

结合故事内容巧设问题，可以调动孩子思维的积极性，当然不能太难哦，过于难解的问题会让孩子直接产生放弃的念头。这就考验到爸爸妈妈们的智慧了。

鼓励提问法

问题是发展思维的起点。如果孩子在听故事的过程中喜欢提出问题，我们一定要加以鼓励并且耐心引导孩子从故事中找出答案来，千万不要只讲故事，却不给孩子发问的机会。

重复法

当我们辛辛苦苦为孩子讲完故事后，可以要求孩子进行复述，以锻炼孩子的记忆力和逻辑性，这种方法是很有效的。

第二章

培养孩子诚实自信、果敢独立的好习惯

阳光未来丛书

成功从培养孩子的好习惯开始

YANGGUANG WEILAI CONGSHU

CHENGGONG CONGPEIYANG HAIZI DE

HAOXIGUAN KAISHI

养成勤俭节约的习惯

勤俭节约是中华民族的传统美德，勤俭是对财物的合理分配，节约是珍惜劳动成果，是对劳动创造者的尊重。古人以勤俭为美，认为勤俭节约的生活才是最舒适的生活。然而，随着时代的变迁，人们开始渐渐迷恋于奢华的生活，而直接受影响的，就是我们的下一代。

养成勤俭节约的习惯，既能培养孩子合理分配财物的能力，又能锻炼孩子独立生存的能力。能够做到勤俭节约的孩子，我们要经常夸奖他们有出息、会过日子。而面对花钱大手大脚、挥霍无度的孩子，许多爸爸妈妈会嗤之以鼻，这类孩子也被统称为"败家子"。

而究其原因，孩子手中的钱财最终来源于父母。所以，孩子浪费的习惯是父母约束不力造成的。

曾有报载：多名初中学生，为了比阔、耍横，竟然从家里拿了百元大钞在校园内点燃，谁的钱最后烧完，谁就是最有钱的人。不知道这些孩子的父母会如何看待这种行为，那些因交不起学费而辍学的孩子看到这则报道又会作何感想呢？

社会的负面影响以及父母的溺爱，让孩子们丧失了自我控制的能力，占有欲望无限膨胀，只要自己喜欢，不加以思考就向父母要钱去买。一旦对某个贵重物品丧失兴趣，就会毫不在意地丢弃。这一可怕的现象，普遍存在于我们的孩子当中。

那么，国外的父母是怎样教育孩子勤俭节约的呢？一起来读一读下面这个小故事。

杰克从小花钱就没有计划也不节约，一切随着性子来，想怎么消费就怎么消费。转眼间，杰克上大学了，爸爸为了限制杰克花钱的速度，跟他约定每月的 1 号给他寄 500 美元的生活费。

然而，多年的习惯不是那么容易就能改掉的，杰克照旧花钱如流水，毫不节制。有时，他跟朋友出去到餐馆或娱乐场所挥霍，请一次客就能把一个月的生活费都花光。所以，每月不到 15 号，杰克就囊中羞涩了。

每当杰克身无分文时，就会立刻打电话给爸爸，要求父亲提前寄下个月的生活费过来. 父亲总是心疼儿子，容忍了孩子的错误行为。这也使杰克更加肆无忌惮，他花钱无度的毛病也越来越严重了。

这天，杰克又出现"金融危机"了，他联络父亲说："爸爸，我饿坏了。"若是以往，爸爸隔天就会寄钱过来。然而，这次杰克没有看到汇款，他收到了来自父亲的简短回复："孩子，饿着吧。"

接下来的日子就难熬了。杰克想尽办法节衣缩食、精打细算，对每一美分都作好计划安排。然而，事情也确实很奇妙，身上只剩 20 美分的杰克居然撑了足足一个月。体验到吃苦受罪滋味的杰克，学会了有计划地花钱。

以后的每个月，杰克居然还能省下 100 美元存起来。这样，杰克的生活变得也有意义了。杰克用这钱买了自己喜欢的书、唱片。他的大学生活，也因为学会了勤学节约而比前过得更加充实了。

国外的父母非常注重培养孩子理智消费的习惯。他们从小教会孩子买东西时要理智、要比较。只买性价比最高与最急需的东西。这一点，国外的孩子要比我们的孩子理性得多。

然而，我们的孩子往往看到什么喜欢的，就会不加考虑马上买下来，生怕错过了似的。这就是不会理财的表现，说明孩子缺少消费方面的指导，购物时欠缺思考。

为了让孩子养成勤俭节约的好习惯，我们可以试用下面的方法。

◎让孩子作好开销预算，能做到每一笔支出都有记录。分配给孩子的零花钱也要有固定的数目。

◎定期给孩子零花钱，不可频繁且不计数目地给予。

◎让孩子列出需要购买物品的清单，然后比较出哪个才是自己最需要购买的。

◎为孩子准备一个存钱罐，鼓励孩子将零花钱积累起来。

◎教育孩子购买物品不要追求品牌，要看实际价值。

◎告诉孩子父母工作的艰辛，向孩子坦白家庭中的实际情况。

◎教育孩子不与别人攀比，不爱慕虚荣。

◎告诉孩子看到特别喜欢的东西，也要三思而后行。

自卑让孩子变得悲观

自卑是一个沉重的包袱，有的孩子从懂事起就严重自卑，这种过早形成的自卑感也让他们有了错误的世界观和人生观。他们的世界仿佛是灰色的，是不可被人窥见的。自卑的孩子沉默、胆小，没有想过自己会有美好的前途。

自卑是一种消极的心理，更是一种性格缺陷，而一个人自卑性格的形成往往源于儿童时代。孩子总会遇到这样或那样的事，使自己感到自卑。自卑的孩子在说话时不敢正视对方的眼睛，表达自己的意愿时也是含含糊糊。

在热闹的环境中，他们是唯一沉寂的角落。他们害怕自己微小的举动引来别人的哄堂大笑，更害怕与人沟通时，自信心的完全丧失。自卑让他们错过了人生许多宝贵的机会。

所以，自卑的坏习惯会危害孩子的一生。我们要及早纠正孩子的自卑习惯。让他们成为阳光下自信满满的孩子，充满憧憬地去面对每一天。

凤萱可爱乖巧，小时候特别开朗，左邻右舍都夸她招人喜爱。可是随着凤萱年龄的增长，她越来越沉默寡言。似乎总是郁郁寡欢，长长的披肩发几乎遮住了她半个脸。妈妈总是疑惑：凤萱到底哪里不对，在烦恼些什么？

直到有一天母亲问了女儿才得知，原来凤萱进入青春期，发现自己眉间有块疤痕。这小小的疤痕虽然长在凤萱的眉间，却深深地烙进了她的心里。这块疤痕成了凤萱自卑的原因，惹得凤萱整日愁容满面。

虽然长发已经遮盖了凤萱眉间的疤痕，但是凤萱仍旧害怕别人看见自己的脸。自卑深深地伤害了凤萱，甚至改变了她整个生活。其实一个小小的疤痕并不至于如此，但是凤萱内心的自卑却足以致命。

原来，自卑如此可怕，它可以毫无声息地击垮一个人的意志。但是仍有一部分人并不惧怕自卑。那些残奥会上的运动员，个个身残志坚，为祖国争得了荣誉，或许他们也曾自卑，但是当他们战胜自卑时，荣耀就随之而来了。

许多父母遇到孩子自卑的情况，在心中暗暗焦急。家长猜测着，这种自卑心理会不会在孩子心中造成阴影，会不会影响到他学习的积极性甚至伴随孩子一生呢？

每个家长都希望自己的孩子能成才，但很多孩子的自卑往往是由于家庭环境及父母不恰当的教育方式造成的。我们认为，生活在以下家庭中的孩子较易出现自卑感。

◎生活在父母离异家庭中的孩子。

◎生活在父母要求苛刻家庭中的孩子

◎生活在父母独裁家庭中的孩子。

◎生活在暴力教育家庭中的孩子。

我们确实应该适时观察一下我们的孩子：他们是否已有自卑情结。一旦发现孩子有这方面的苗头，就要尽早帮助孩子克服和纠正，以避免形成自卑性格。自卑的孩子往往会胆怯、怕羞、独来独往、猜疑心重、有自虐倾向、承受能力差。

如果发现自己的孩子已经有了一定程度的自卑心理，父母应该怎么办呢？

告诉孩子世界上没有完美无缺的人

父母要引导和教育孩子对自己进行积极、正确、客观的评价，并且认识到任何人都有自己的长处，也都会有短处或不足。要相信并发扬自己的长处，尽量弥补自己的短处。

他人的批评是自己进步的动力

告诉孩子，有时社会评价一个人，不一定是正确的，但需要个人正确对待。比如牛顿、爱迪生和爱因斯坦小时候都曾被人们称为笨孩子，但是他们后来都成为了伟大的科学家。

让孩子多一些成功的体验

成功的经验越多，孩子的自信心就会越强。孩子对自己的能力往往认识不足，有时可能会做一些力所不及的事情，因而导致失败，由此产生自卑心理。父母要引导孩子量力而行，对孩子的要求也应符合其身心发展的特点。

消除自卑，培养自信

既要锻炼孩子坚强的意志品质，使失败和挫折变为激励自己前进的动力，又要注意培养孩子的自信心和自尊心。要让孩子具备别人能做到、自己也能做到的积极向上的心理品质。

让我们的鼓励伴随孩子的左右

有的孩子之所以变得越来越自卑，一个非常重要的原因就是家长对孩子要求过高，使孩子时时处处被批评与指责。长此以往，孩子每做一件事，在潜意识中总会对自己做出否定的结论。

我们不要奢求孩子能完美地做好每一件事，而应该首先鼓励孩子去做，然后努力发现孩子在做这件事的过程中值得肯定的方面并进行及时的表扬，从而慢慢增强孩子的自信心。要让孩子懂得做该做的事，并努力把它做好，这本身就是成功，也是对自己最好的肯定。

只要肯定自己，就能赶走自卑

许多自卑的孩子心中的自我肯定往往是脆弱、飘摇不定的，他们没有对自己的确凿定论。这时，就需要父母给孩子以鼓励及确凿的定论。当孩子做出了一点点成绩或做了一件令他感到自豪的事，他就该获得父母的认可与表扬。

当孩子遇到困难且踌躇畏缩时，我们应该为他加油鼓劲。当然，对于孩子的自卑情结，最重要的是防患于未然，父母在教育孩子的过程中，要避免因望子成龙而给孩子施加过大的压力，或总是拿自己孩子的短处去同别家孩子的长处相比，从而使孩子产生自卑心理。

自信的孩子才阳光

自信心是一种精神动力，能将孩子的想法迅速转化为实际行动。像强心剂一样让人精神振奋，以前不敢想不敢做的事，因为有了自信心的支持，而转化成为可以实现的目标。

其实，每个孩子都是天才，只要我们的教育方法得当，每个孩子都可以成为栋梁。而孩子的自信心就来自于我们日常生活中对他的肯定和赞赏，这也是孩子树立自信心最直接和简单的途径。

面对孩子，我们要表扬多过批评，始终帮助孩子树立自信，而在这一过程中，也渐渐培养了孩子自信的好习惯。自信心对于父母和孩子来说都是不可或缺的重要心理素质之一。孩子有没有自信心和父母教育方法的正确与否密切相关。

所以，当孩子失败时，我们鼓励一声"你行，你一定行"，会让孩子重新振作。对于孩子来说，我们的一个微笑、一声赞许、一种肯定都会激起他们强烈的情感，从而扬起希望的风帆。

每一个孩子都能成为非凡的人，一个孩子能不能成为天才，关键是他的父母和老师对他有没有信心。信心是能够传递的，只有家长和老师对孩子有信心，孩子对自己才会有信心。

自信是对个人实力的正常评估，而不是盲目的自以为是，不切实际的自信只是骄傲自大的表现。

成功的前提是自信，一切的失败都源于恐惧。孩子拥有积极的态度可以让他勇敢地克服一切困难；相反，孩子消极的心理会阻碍他成长的脚步。

其实，每个孩子都有自己优秀的一面，我们要从不同的角度去观察孩子，要学会用赏识的眼光去看待孩子，这样才能帮他们培养出自信心。那么，您的孩子是否有足够的自信呢？请让他们快速做一下下面的测试，答案很快就能揭晓了。

1. 一旦你下定决心，即使没有人赞同，你仍然会坚持做到底吗？
2. 参加聚会时，即使很想上洗手间，你也会忍着直到结束吗？
3. 如果想买内衣，你总是让家人买，而不亲自到店里去吗？
4. 你认为自己是个很好的学生吗？
5. 如果店员的服务态度不好，你会告诉他的经理吗？
6. 你不欣赏自己的照片吗？
7. 别人批评你，你会觉得难过吗？
8. 你很少对人说出你真正的意见吗？
9. 对来自别人的赞美，你持怀疑的态度吗？
10. 你总是觉得自己比别人差吗？
11. 你对自己的外表满意吗？
12. 你认为自己的能力比别人强吗？
13. 在聚会上，只有你穿得不正式，你会觉得不自然吗？
14. 你是个受欢迎的人吗？
15. 你认为自己很有魅力吗？
16. 你有幽默感吗？

17. 目前所学的功课都是你所喜欢的吗？

18. 你懂得搭配衣服吗？

19. 危急时，你很冷静吗？

20. 你与别人合作无间吗？

21. 你认为自己只是个寻常人吗？

22. 你经常希望自己长得像某人吗？

23. 你经常羡慕别人的成就吗？

24. 你为了不使别人难过，而放弃自己喜欢做的事吗？

25. 你会为了讨好别人而打扮吗？.

26. 你勉强自己做许多不愿意做的事吗？

27. 你任由他人来支配你的生活吗？

28. 你认为你的优点比缺点多吗？

29. 你经常跟人说抱歉吗？

30. 如果在非故意的情况下伤了别人的心，你会难过吗？

31. 你希望自己具备更多的才能和天赋吗？

32. 你经常听取别人的意见吗？

33. 在聚会上，你经常等别人先跟你打招呼吗？

34. 你每天照镜子超过三次吗？

35. 你的个性很强吗？

36. 你是个优秀的领导者吗？

37. 你的记性很好吗？

38. 你对同龄的孩子有着很强的吸引力吗？

39. 你懂得理财吗？

40. 买衣服前，你通常先听取别人的意见吗？

"是"为1分，"否"为0分。

结论：

25~40分：说明孩子对自己信心十足，明白自己的优点，同时清楚自己的缺点。不过警告家长一声：如果孩子的得分接近40分的话，别人可能认为他很骄傲自大。告诉孩子不妨在别人面前谦虚一点，这样才会有好人缘。

12~24分：说明孩子对自己颇有自信，但是他或多或少缺乏安全感，对自己产生过怀疑。不妨教孩子提醒自己：在优点和长处各方面并不输给别人，要特别强调自己的才能和成就。

11分以下：说明孩子对自己显然不太有信心。他过于谦虚和自我压抑，因此经常受人支配。教孩子从现在起，尽量不要去想自己的弱点，多往好的方面去衡量。先学会看重自己，别人才会真正看重你。

知道孩子是否具有足够的自信以后，我们就要考虑年轻的父母们如何在日常生活中培养孩子的自信了，这里介绍几种方法，供父母们在家教实践中参考运用。

学会倾听孩子的心声

孩子愿意说出自己内心的想法是父母应该感到高兴的事情。我们要耐心倾听孩子内心的陈述。当我们以认真的态度去审视孩子的时候，孩子会觉得我们是在乎他的。倾听时的态度要和蔼，只有敢于在父母面前表述自己态度的孩子，才是初具信心的孩子。

给孩子表扬就是给他信心

即使是生活中的琐碎小事，只要孩子认真完成，就算结果我们并不满意，也要给孩子及时的表扬与鼓励，因为适当的称赞是孩子进步的动力。

珍惜与孩子在一起的时间

即使工作再忙，也不要忘记抽出小部分时间来陪孩子玩耍。只有父母的关爱才能让孩子变得开朗，而缺乏父母关爱的孩子，往往显示出自卑的情绪。

参与到孩子的活动中去

每当学校有活动或者演出时，爸爸妈妈要尽量参加，你们的意外出现会让孩子信心倍增，而此时此刻，孩子也最能感受到父母给他的关爱。

与孩子协作，共同完成家庭活动

比如让孩子参加有趣的游戏或者家务劳动等。在实践中既可以增加孩子的见识，也能加强父母与孩子之间的亲情。更重要的是，在活动中，父母的表扬是孩子自信心萌发的基础。

让孩子做力所能及的事情

给孩子分派任务，比如打扫他自己的小房间。这样，孩子会觉得自己被需要，小小的成就感是培养孩子自信心必不可少的重要基础。

与孩子一起阅读

挑选优秀的青少年读物，与孩子一起阅读。然后，让孩子发表自己的看法，鼓励孩子充分发挥想象力，尽情发表自己的言论。只有敢说出看法的孩子，才是自信的孩子。

做个自信满满的父母

孩子常常在我们不经意之间模仿大人的言谈举止，所以，我们自己首先要充满自信。如果作为成人都不能对事物作出自己的肯定与判断，又怎么去要求孩子呢？

做自己行动上的主人

自制力是个体在没有外界监督的情况下，适当控制、调节自己的行为，是保证目标实现的一种综合能力，也是一个人走向成功的重要心理素质。

生活中，孩子们会面对许多诱惑，比如做作业时，会受到游戏的诱惑；小孩子即使生了蛀牙，也会受到糖果的诱惑。面对诱惑，自制力弱的人往往不知不觉陷入其中；自制力强的人却能控制自己并做出有利于个人和符合道德规范的行为。

缺乏自控能力在少年儿童身上是常见的现象。比如，有许多孩子会有如下的情况出现：

◎思想不集中。

◎做事虎头蛇尾。

◎管不住自己。

◎上课插嘴。

◎骚扰同学。

◎在家看电视没完没了。

◎写作业草草了事。

这都是孩子没有自制力、克制不住自己、尚不成熟的表现。

一个孩子的自控能力与他自身的智力因素是没有关系的，自控能力来自孩子的内心，而不是头脑。这种能力是一种心理因素，协调着孩子的行为。每个孩子的自控能力都具有差异性，而正是这些差异性，导致了孩子行为上的不同。

拥有较强自控能力的孩子，能够让自己对任何事物始终作出正确的判断，让自己的行为始终保持在正常的范围内。这些孩子所表现出来的优势是能积极、持久、稳定、有序地去实现自己人生的一个又一个目标。

在日常生活中，我们可以看到以下两种情况：

◎任性而行，不努力控制自己的行为。放任自己随着性子来，而不去考虑事情的后果。

◎虽然主观上想控制自己的行为，甚至下过多次决心，但在行动上仍不能控制自己的行为。就是父母们常说的"孩子自己管不住自己"。

比如有些孩子过度崇拜偶像，而把学业放在一边，将自己的偶像天天挂在心上，导致学习成绩下降。父母苦口婆心劝说，孩子偶有悔意，也答应不再追星，但始终不能说到做到。

这是因为青少年害怕孤单、平庸，孩子本身就是由许多不确定因素构成的。他们希望找到可以认同的对象，而偶像正可以给孩子们提供做梦和想象的空间。而且，青少年崇拜偶像，就像感冒会传染一样，如果您的孩子确实无法控制自己追星的脚步，建议父母们可以这样做：

◎多关心、了解子女，和孩子谈谈，为什么崇拜这位偶像。

◎与孩子分享崇拜的心情，作为生活的调剂，也算是陪孩子一起成长。

◎提醒孩子，了解偶像之所以能成功的过程，使之转化为孩子成长的动力。

◎不要对孩子的崇拜行为给予负面评价。父母的嘲笑，只会使代沟加深。

◎要培养孩子健康的休闲娱乐活动：打球、唱歌、参观、旅游、园艺、工艺等。

自制能力如此重要，每个父母都要有足够的认识。我们要从孩子的实际出发，经常训练并持之以恒，这样，孩子的自制能力就一定会逐步增强起来。孩子强大的自制力量并非天生，而是得益于我们从小对他进行的意志力培养。

在日常生活中，遇到事情，父母也要让孩子知道"为什么要这样做，不要那样做"的具体原因。这样可以让孩子逐渐拥有评价自己行为和情绪的能力。作为疼爱孩子的父母，我们既不能无原则地迁就孩子，也不能放弃耐心说服和教育孩子的机会。

下面我们看看一个关于自制力的小故事。

一天中午，安茜到隔壁好朋友沐芳家玩。沐芳说她爸爸从日本给她带回来一个小天鹅形状的钥匙链。一身雪白，只要一按它上的按钮，天鹅就会自动拍打翅膀，做出飞翔的姿态。

安茜非常羡慕沐芳有这么好的钥匙链，她很想看看沐芳说的天鹅钥匙链到底是什么样子，可沐芳从不许任何人动她的抽屉。这时，碰巧沐芳的妈妈要沐芳上街买东西。

等沐芳下楼后，好奇心使安茜打开了抽屉，拿出了钥匙链。"哇，好漂亮的钥匙链!"安茜想，"要是自己有一个那该多好啊!"她这样想着，就把钥匙链放进了自己的兜里。

安茜之所以拿走了沐芳的钥匙链，是由于她抵制不住诱惑而做了错事，这说明她的自制力很差。因此，从小培养孩子的自制力是很重要的。

现在的孩子自制力很差的原因主要有两个:

◎被家长溺爱娇宠，很少受到限制，于是养成了任性、专横的性格，缺乏自制能力。

◎孩子们的成长经历太顺利，生活、学习的事都由父母安排，依赖性太强。

培养孩子自我克制的能力，培养他理性的思考和判断能力，是孩子今后能够取得成功的必要前提。如果一个人想光荣与和平地度过其一生，他必须学会在小事或大事上进行自我克制。

怎样才能培养孩子善于自制的习惯呢? 我们为家长提出如下建议:

我们要为孩子树立好的学习榜样

儿童喜欢模仿榜样的行为，榜样的替代性学习可对他的行为产生影响。如榜样的行为受到赞扬，儿童就会学习该行为;反之，则拒绝。

要注意电视、电影和电子游戏上暴力的等级

当发现媒体正在播放不利于孩子身心健康的影像时，要坚决制止孩子继续观看，然后明确无误地给孩子定下要求，并且以后要坚决实施这些要求。

有意识地培养孩子的意志力

遵守规定好的纪律和制度，必须控制自己，不做违反纪律和制度的事。孩子抗拒种种诱惑，需要一定的意志力。

尽量不要对孩子的努力给予可观的报酬

这种给报酬的做法，容易让孩子为了某些好处而去努力克制自己的不良行为，一旦原先的报酬让孩子失去兴趣，孩子的自控能力就会随之消失，这样也不利于帮助孩子养成自我控制的好习惯。

帮助孩子作出对事物的正确判断

要经常锻炼孩子们自己作决定的能力。我们要帮助孩子分析出一件事或者一个举动可能产生的影响及结果，然后引导孩子作出正确的判断与决定。这样，孩子最终将学会在没有帮助的情况下正确行事，他的自制能力也将得到进一步提高。

不要让孩子的涂鸦创作到处留痕

从孩子会自己拿笔的那一天起，他们就热衷于乱涂乱画，东一笔西一笔。小时候，喜欢拿着画笔把家中雪白的墙壁画得乱七八糟；长大后，喜欢在学习用的书桌上乱写乱画。孩子们这一奇怪的癖好，着实让父母们头疼。

孩子这种乱涂乱画的行为大致从一岁半开始萌芽，他们拿着笔在纸上胡乱涂抹。随着孩子年龄的增长和运动范围的扩大，家中的墙壁、沙发、床单、衣橱、家用电器上，处处会留下他们的"即兴之作"。

孩子在幼年时期的乱涂乱画，其实是他们宣泄内心情绪的一种表达方式。画画可以表达孩子的喜怒哀乐，孩子们心中怎么想的，他们都会在画中表现出来。而孩子除了追求涂抹的结果外，还陶醉在那种宣泄的情绪中。

而对于乱涂乱画这个问题，爸爸妈妈们也有不同的看法，基本上分为两派：一方觉得画画对孩子有多方面的好处，可以发展孩子的想象力、创造力，练习手腕部诸多关节与小肌肉群的协调动作等；另一方认为这是孩子不讲卫生、没有规矩的不良表现。

但是，孩子的这种具有创造性的涂鸦却是没有节制，不分场合、地点的。他们只随着自己的心情来"发挥"。这又给家长造成了很大的麻烦。比如家里刷得雪白的墙壁，被孩子涂得五颜六色，父母很是心疼。有的爸爸妈妈干脆放弃再次刷白墙壁，任由孩子乱涂乱画。一位母亲向我们讲述了她儿子的"疯狂举动"。3岁的宝宝有一个爱好就是拿着铅笔、蜡笔在墙上、家具上乱涂乱画。虽然这是孩子天真的宣泄，并无太大的害处，有些还画得很可爱，但是这么随意地乱涂乱画，把原本整洁的房间搞得不堪入目，这位母亲也为此而伤透了脑筋。

于是这位母亲想了些办法，既能为孩子保留一块自由创作的天地，又不会把家里搞脏。她给儿子买来各种画纸和笔，告诉孩子在这上面画画。然而，这一招似乎并不怎么奏效，也许孩子是嫌画纸不够大，限制了他创作的空间，墙壁和家具上仍是到处记录着宝宝的"杰作"。

于是，为了宝宝，家里又专门添置了一块大黑板。聪明的妈妈还为宝宝买来水彩，让他在厨房的白瓷砖上尽情发挥。这样一来，宝宝有了专门画画的空间，就收敛了许多，不会再到处提笔了。看来，这次这个办法倒是十分奏效。

那么，怎样从根本上改掉孩子乱涂乱画的坏习惯呢？父母们不妨试试以下的小方法：

明确告诉孩子什么地方能画，什么地方不能画

明确地为孩子指出什么地方能画，什么地方不能触碰。也可以在孩子最常涂抹的地方贴上别的图画，阻止孩子在墙壁上继续涂抹，告诉孩子只有画得好的画才可以贴在墙上。当然，如果孩子确实画出了很漂亮的画，我们也可以把它贴在墙上，从而进一步激发孩子画画的兴趣。

关于乱涂乱画的处罚措施

一旦发现孩子乱涂乱画，最好的办法是领着孩子对比脏和干净的墙面，让孩子和父母一起擦拭被弄脏的地方，使孩子感到被涂脏的墙壁门窗想再恢复原样是多么困难。爸爸妈妈可将这种乱涂乱画的危害性稍微放大，让孩子觉得所犯的错误不可原谅，从而改掉乱涂乱画的习惯。

利用小绝招，解决大问题

我们可以为孩子购置各种各样的涂鸦工具，满足孩子的涂鸦兴趣。涂鸦要在爸爸妈妈的陪伴下进行，要注意安全，提醒宝宝不要将颜料和笔放到嘴里。在纸的选择上，可利用废旧的挂历纸、宣纸、广告纸、报纸等等，父母可在孩子画完后再继续更换纸张。

诚实守信，做人之本

诚实是一个人非常重要的品质，也是人类良知的强烈表现，诚信也是当代社会讨论的热点问题。我们要告知孩子什么是一个人的道德底线，哪些事情是错误的，千万不能做。

身为父母，我们是孩子重要的道德教师，在培养孩子的优良品质和影响孩子的道德发展方面一定要以身作则。诚实是一个人分辨是非的内在声音，诚实是道德的关键所在，是每个父母都希望自己的孩子所拥有的美德之一。

但是，几乎所有的孩子都会说谎。可是孩子说谎又可以分为截然不同的两大类：有意说谎和无意说谎。不以骗人为目的的说谎，属于无意说谎；为了达到某种目的而故意歪曲事实真相的说谎，属于有意说谎。

一位孩子的父亲曾讲过这样的故事：

有一次，去幼儿园接儿子，发现他一直闷闷不乐，后来我知道了原因：他告诉老师是明明把花瓶碰碎的，为此他觉得很对不起这个朋友，是自己让明明受到了批评，一整天都没敢找明明玩，也很害怕别的小朋友知道后不理他。一直问爸爸自己是不是做错事了。

回家的路上他表扬了儿子诚实的行为，并进一步教育孩子：对于自己认为正确的事情，不管别的小朋友怎么看，都要敢于坚持。同时，对待其他小朋友的缺点和错误，我们提出批评和帮助时，要讲究一些方式方法，尽快消除和小朋友之间的误会。如果自己有错，也应主动承担责任，以获得其他小朋友的同情和帮助。

这位父亲支持儿子坚持正义的做法，对孩子养成诚实正直的品质很有意义。

让孩子从小就懂得关心和体贴他人，培养孩子对他人的责任心，这是培养孩子诚实与正直品质的基础。关心和体贴他人是一种善良的道德情感。

诚实，是每个人都应具备的品质，我们要以诚实培养诚实，这个道理是不言自明的。我们应该经常和孩子们在家中就诚实问题展开讨论，以这种家庭会议的方式对孩子进行教育，能够让孩子们敞开心扉，敢于表达出自己内心的想法，家庭气氛也更融洽。

家庭教育中的诚信不是空泛的话，应该贯穿在父母亲的一言一行中，因为父母带给孩子的榜样行为远比千言万语起作用。如果我们连最基本的诚实都做不到的话，又怎么去做孩子的好榜样呢？

下面讲述一段小故事，希望爸爸妈妈们能从中获取好的教育经验。列宁的母亲玛丽亚·亚历山大罗夫娜曾成功地帮助8岁的孩子沃洛佳纠正了说谎的恶习。沃洛佳打碎了姑妈阿尼亚家的花瓶，但他却说不是他打碎的，因为他怕在不太熟悉的姑妈面前说出真相而丢了脸。

列宁的母亲分析沃洛佳是个好强的孩子，粗暴的训斥会挫伤他的自尊心，空洞的说教也无济于事，唯有提供充分的时间让他进行自我道德评价，在内心深处萌生出羞愧感，让他自己纠正自己的错误。

于是，她假装听信了他的话，并以足够的韧性和耐心等待了三个月。果然，在一天临睡前，沃洛佳一下子哭了起来，说："我骗了姑妈。我说不是我打碎了花瓶，其实就是我打碎的。"

列宁的母亲纠正孩子说谎是采取"冷处理"的办法，让孩子经过长期的思考与内心挣扎后，自己承认错误。这种办法能使孩子从内心深处认识到说谎不是好孩子、诚实才是美德的道理。

每个孩子都会有缺点，许多父母常常采用惩戒的方法来纠正孩子的说谎行为，这种最简易的方法也最容易让孩子产生抵触情绪，甚至拒绝改正错误。

少部分爸爸妈妈会采用事后讲道理的方法来教育孩子，这种方法让孩子受益很大，并且心甘情愿地去改正自己的错误。在认真耐心的教育之后，孩子若再次出现不好的行为，父母才可以采取一定的惩罚措施。

身为父母，我们要鼓励孩子说实话。在孩子做错事后，如果能够诚实地向父母汇报，我们就不要再以强硬的态度去批评孩子。

诚信需要从小培养，父母一定要以身作则，为孩子起到好的榜样作用。我们试想一下，如果孩子说了实话，父母知道是孩子做了错事，反而大发雷霆，把孩子痛打一顿，那孩子以后还敢说实话吗？我们要让孩子感到，对父母讲真话并不可怕，完全可以得到父母的谅解，而不必说谎。

从小培养孩子诚信的习惯，我们给父母的建议是：

要创造一个和谐融洽的家庭氛围

和谐融洽的家庭气氛，可以消除孩子的抵触情绪与戒备心理。这时，与孩子进行沟通才最有效果。要让孩子敞开心扉与我们交流，首先就要为孩子创造一个宽松的环境。在平等、融洽的氛围中，孩子才会接受我们的意见。

将故事与道理融合在一起，讲述给孩子听

由于孩子年龄小，必须把道理与趣味相结合，孩子才能接受。所以，我们可以利用寓言、童话、故事，把诚实做人的道理与故事相结合，使孩子明白黑白是非与做人的道理。

要满足孩子合理的要求与愿望

适时为孩子添置玩具、图书及彩笔等，让孩子意识到自己需要的东西，只要是合理的，父母又有能力购买，是会得到满足的。这样可以避免孩子因需要不能满足而把别人的东西随便拿回来而又不告诉家长和小朋友的情况发生。

正确的教育方法是基础，拒绝粗暴教育

当发现孩子有不诚实的言行时，父母要采取细致、耐心的方法，冷静地听听孩子的想法，正确分析原因，及时对症下药，切不可急躁、粗暴，甚至对孩子施加压力，进行打骂、体罚等，这样做只会适得其反，造成孩子为了躲避责罚或打骂而说谎。

教育孩子要有章可循

为孩子制定一些规则，而且规则一经提出就要严格执行，不能随意更改。对于规则的执行，我们要态度坚决，严格要求，只要教育孩子有章可循，教育方式就不会出现太大的偏差与错误。

父母要以身作则

我们在日常生活中要做到"言必信，行必果"，但凡答应孩子的事一定要兑现。如因情况有变或因其他原因兑现不了，也要向孩子说明情况，解释清楚，表明不是有意骗他。

要让孩子做诚实的人，首先我们就必须做到待人诚恳，不说假话，不掩饰错误。只有我们做出好的榜样行为，孩子才能养成诚实守信的好习惯。

敢于承担责任与后果

勇于承担责任是一个人诚实的表现。我们应该让孩子明白：每个人都要为自己的行为负责，不论事情的结果是好是坏，都要勇于承担责任。这是我们在培养孩子之初就应该打好的教育基础。

特别是在孩子年龄稍大、开始参加集体活动的时候，我们更应该教育孩子尽职尽责做好自己分内的工作，不能因为自己的疏忽而影响了大家的计划。比如，粗心的小卡尔，就是因为自己的疏忽，而搅乱了一次很好的烤肉聚会。

小卡尔非常期盼学校组织的烤肉聚会，终于有一天，老师宣布了聚会的决定，学校要组织大家去国家公园野餐。每个同学都分配了任务，所有烤肉的用具均由同学们自己带齐。

卡尔一放学就蹦蹦跳跳地跑回家里，告诉爸爸妈妈学校要聚会的事情。妈妈提议卡尔列出一个单子，把需要带的东西先想好，然后，写出目录单并交给妈妈检查。

但是卡尔说要先出去跟其他同学宣布这个消息，回来后再列清单。妈妈虽然不是很相信他，但还是默许了卡尔的行为。于是，卡尔在外面玩了整整一天，到晚上该睡觉的时候他才匆匆忙忙跑到厨房里准备材料。

第二天，当全班人准备就绪，开始野餐时，卡尔却怎么也找不到烤肉汁了，他惭愧地低下了头。这次教训让卡尔意识到：由于自己的疏忽，而扫了大家聚会的兴致，自己难堪的同时确实也影响了大家。

所以，孩子只有亲自尝试了，才会吸取教训。卡尔感到惭愧的同时已经在心里承担起了这次失误的责任，而这一次不良后果的承担，会让卡尔从此以后变成一个细心负责的孩子。

勇于承担责任，不仅仅是孩子个人的事情，也需要父母以身作则，不能因为自己爱面子就推卸责任。我们面对不良后果的态度就是孩子效仿的对象。所以，我们要给孩子起一个表率的作用。下面看看另一对父母是怎样做的吧！

小南希坐在靠近门边的书桌前写作业，外面风很大，作业本被风吹得乱七八糟。南希跑来跑去，一次次去关门。可是门刚关不久，就又被风吹开了。这时，邻居山姆叔叔来找南希的爸爸，他们站在门外闲聊了起来。

谁知，风又把门吹开了。于是，南希跑去关门，她用最大的力气把门关上。可是，门却因为碰到障碍物反弹了回来，与此同时，南希惊恐地看到：门外的爸爸显出十分痛苦的表情，紧紧地捂着自己的另一只手，好像手指受到了巨大的创伤。

看到南希出来，爸爸暴怒地冲她扬起了手。原来，因为南希跑去关门，爸爸放在门框上的手被南希弄伤了。南希吓得闭上眼睛，做好了挨打的准备，等待着一阵"狂风暴雨"。但是爸爸的巴掌一直没有落下来，南希的脸颊，感受到的仅仅只是一阵掌风而已。

后来，爸爸对南希说："当时我实在痛得厉害，本想打你一个耳光，给你教训。但是，我冷静地想了想，是我自己把手放在门框上的，错不在你，后果应该由我来承担。"

父亲这句极为普通的话，却给了南希一个极大的启示：犯了错误，就必须自己承担后果，迁怒于他人是不负责的表现，任何责任都是不可推卸的，勇于承担后果才是解决事情的办法。所以，培养孩子勇于承担责任的习惯，不光是培养孩子的责任心，也是在培养孩子诚实、辨别是非的能力。让孩子独自承担一些责任与后果，他们才会懂得做事要三思而行。而那些在父母庇护下生活的孩子，是永远长不大的。

我们培养孩子勇于承担责任的意识需要注意以下几个方面：

将家务活从轻到重划分，然后适当地分配给孩子一些任务，让他去完成

比如让孩子打扫卫生、给花草浇水等等，越是琐碎的事情，越能锻炼孩子的细心与耐心。如果孩子很好地完成了任务，说明这个孩子也具有很强的责任心，知道完成任务后才能去玩耍。此时，我们要给予适当的表扬与认可。

给孩子发表个人观点的机会

要经常召开家庭会议，与孩子一起讨论家里现在的开销情况及下月的开销计划。让孩子谈谈自己的看法，或者向大人讲述一下自己的支出计划。当我们认真聆听了孩子的意见并与他们真诚沟通的时候，孩子对家庭的责任心就会油然而生。

让孩子学会自己的事情自己做

在生活中，要给孩子锻炼自己的机会。我们不能永远认为孩子太小，而用停滞不前的眼光去观察孩子，他们的成长与能力，往往出乎我们的意料。因此，父母们要尽量给孩子一些锻炼的机会，这样孩子便可以在力所能及的事物中寻找到责任感。

强调结果与责任

我们教育孩子做事要负责任，一件事既然答应去做，就要做出个结果来，凡事都要以认真负责的态度去对待。这样，孩子才能严格要求自己，做事才会更出色。

爸爸妈妈以身作则，为孩子树立好榜样

我们身为父母，不要频繁且轻易地给孩子许诺什么。当然，如果答应了孩子某件事，就要尽量做到。如果遇到困难，实在不能完成，要给孩子合理的解释，而不能敷衍孩子。只有我们做到勇于承担自己的责任，孩子才能养成好习惯。

独立的孩子才最强

在美国的家庭教育中，多数父母认为，孩子一生中最重要的两件事：一个是教育，另一个就是独立。可见，独立对于一个孩子来说是多么的重要。

在美国公园的小路上，我们经常看见蹒跚学步的孩子。虽然有些孩子看上去依然很娇弱，并且常常在地上摔倒，但是，他们的父母一点也不娇惯孩子。夏天的时候，孩子穿得非常单薄，裸露在外的皮肤会因为跌倒而产生创伤。如果是中国的父母，一定会很快跑过来抱起孩子，心疼地安慰、揉抚，孩子也就顺势大哭起来。而美国的父母则不会如此，他们会以鼓励的态度说："要不要再试一试？"孩子会很快地爬起来，又接着训练走路。

当然，孩子磕痛了，爸爸妈妈心疼得厉害。可是，孩子是否决定再走下去，是有他独立选择的权利的。我们在安慰之后不要再作过多的干涉，应该把决定权留在孩子的手中。

孩子从呱呱坠地到长大成人，再到进入社会，实际上是一个从依赖到独立的过程。如果一个孩子过于依赖父母，一旦形成习惯，将来不但难以立足于社会，很可能连自己最基本的生活都不能保障。

因此，为了孩子的未来，为了孩子脱离父母后依然能够正常生活，我们必须让孩子从小养成独立生活的习惯。这不仅仅是我们培养孩子的首要任务，也是孩子长大成人后所必须具备的人格素质。那么，我们来看看美国的父母在培养孩子独立能力时，具体是怎样做的。

杰克的太太为杰克生了个金发碧眼的女儿。杰克开心得像个孩子，见人就说他女儿多么可爱，杰克把女儿看做生命中最珍贵的"天使"，对女儿的宠爱也到了极致。

杰克的好朋友山姆也有一个 1 岁左右的孩子，因此，他非常能理解杰克此时的心情。

山姆见到杰克说："你很爱你的女儿，小家伙一定很可爱。"

杰克高兴得眉飞色舞，连连对山姆说："当然，哪天让你见见我的小天使。"

终于有一天，山姆见到了杰克的女儿，才 6 个月大，果然像个小天使一样可爱。

野餐时，大家在地上铺了张大毛毯，山姆的妻子把儿子抱在怀里，时刻注意着孩子的动向。儿子哭了，妻子马上取过奶瓶；儿子爬出地毯，她立即把他抱回来。

整个野餐中，妻子的目光几乎没离开过孩子。而整个野餐过程也成了一场照顾孩子的表演，山姆的妻子几乎没有吃什么。吃过饭，山姆夫妻仍旧围着儿子忙碌着。

而杰克夫妇就不同了。吃饭时，女儿哭了，杰克为她送去一瓶水，让她自己捧着，噙着奶嘴喝；野餐后，杰克夫妇干脆把孩子扔在地毯上，俩人手挽着手，像恋爱中的年轻人一样，散步去了。

山姆的妻子很生气，认为杰克夫妇是把他们当成免费的保姆照顾孩子来了，可山姆却说杰克绝对不是这样的人。

回去的路上，山姆不顾妻子的阻拦，把这个疑问当面向杰克提了出来。杰克听了，也不作任何解释，直接把山姆夫妇拉到了他们家。进了房间，杰克就将一张影碟放进了 DVD 机，一按按钮，电视屏幕上出现了这样的画面：

一位美国母亲，用儿童车推着个小男孩逛超市。从有冷气的超市走到阳光高照的街上，这个男孩一直在睡觉。回到家，母亲把孩子放到小床上。孩子哭时，母亲检查了他的尿片后，给了他一瓶奶。小男孩喝完奶，自己玩起床头的玩具。

接着，这个男孩长到了 1 岁多，他像模像样地自己用勺子吃饭。一不小心，他的脸撞进了食物盘里，他抬起脏兮兮的脸，惊恐地瞪大了眼睛。

外出时，小男孩跟在母亲身后，跌跌撞撞地走着，忽然，一下子跌倒在地，母亲开心地笑着，等在一旁，而小男孩也笑着爬了起来……

山姆的妻子抱紧儿子，大喊："太残忍了，这样对待孩子，他们心里会有阴影。"

杰克愕然地说："不会啊，这也是我们养育孩子的方法。"

山姆的妻子争辩道："我还是认为，这个孩子的母亲没有尽到责任。"

杰克笑了笑说："噢，她就是我的母亲，而那个男孩子就是我。"

在美国，这样的教子方式是最正常不过的事情。独立自主也是美国父母培养孩子的最终目的，因为一个相对独立的孩子，也具备了其他多个方面的能力与素质。

我们建议父母可从以下几个方面来培养孩子独立的习惯：

和孩子一起发掘他们的潜力

我们要相信孩子的能力常常超出我们的预料范围。父母们首先要相信自己的孩子是能够独立的，与此同时，我们要在生活中创造各种条件让孩子们去发现自己的能力。可以分配给孩子一些简单的任务，让孩子可以轻易完成，从而尝到成功的快乐。

该放手时就放手

我们在生活上对孩子关心得无微不至，反而更容易让孩子丧失独立自主的能力。所以，为了培养孩子独立的好习惯，我们要适时收起对孩子的关心。

尊重孩子，是独立的前提

我们在让孩子独立的过程中，最放心不下的问题是：是否该让孩子追求自己的理想，自己做出事关终身的决定，自己选择发展道路。在许多事情上，让孩子自己去抉择，我们还是不放心，可是，要想让孩子真正独立，我们一定要冲破这一关，这才是孩子独立的关键所在。

为孩子创造独立思考的氛围

独立的行为来自独立的思维，孩子的想法与我们的想法存在差异是必然的。我们不能武断地否定孩子的想法，而应该仔细聆听孩子的心声，给孩子独立思考的空间，把发言权还给孩子们。

耐心的孩子最具韧性

现在的孩子越来越急躁，和父母的沟通往往两句话下来就无法进行。就算是高兴的事情，父母一句话不对孩子的"胃口"，他们也会摔门扬长而去，只留下尴尬的父母莫名其妙地大眼瞪小眼。为什么现在的孩子变得这么浮躁，让人捉摸不透？孩子们的耐心跑哪去了呢？

越是城市里的孩子越是没有耐性，父母把这类孩子的毛病归纳为脾气不好。其实，本质的原因是孩子缺少耐心，没有耐性，做起事情来就特别容易急躁，稍不顺心，就大发雷霆。

而孩子毫无顾忌地大发脾气，是因为他们没有考虑到父母的感受。所以，我们要戒除对孩子的溺爱，转而培养孩子的耐心，这才是首要任务。

其实，孩子没有耐心在生活中的表现非常明显，比如：

◎只要对自己有利的事就不顾是非而盲目行动，不会去谦让别人。

◎功课没做完，就迫不及待地跑出去玩耍，完全没有耐心。

◎喜欢玩有刺激性的电脑游戏，甚至沉迷其中。

◎稍一批评就张口顶撞，甚至离家出走，脾气异常暴躁。

美国著名心理学家沃尔特·米切尔曾做过一个经典的"成长跟踪"实验：

他选择了一所幼儿园，并在幼儿园选出十几个 4 岁儿童，将一些非常好吃的软糖按每人一颗发给这些孩子，同时告诉他们：如果马上吃，就只能吃手里这一颗；如果等 20 分钟后再吃，则能吃到两颗。

在美味的软糖面前，任何孩子都将经受考验。在这批儿童中，有些孩子急不可待，马上把糖吃掉了。另一些孩子却决心等待对他们来说相当漫长的 20 分钟，为了使自己坚持到最后，他们或闭上眼睛不看软糖，或头枕双臂、自言自语，有的甚至睡着了。

最后，他们终于熬过了对他们来说相当漫长的 20 分钟，吃到了两颗糖。

沃尔特·米切尔把这个实验一直继续了下去，他对接受实验的孩子进行了追踪调查，这项实验一直持续到孩子们高中毕业。

结果发现：在 4 岁时就能以坚韧的毅力获得两颗软糖的孩子，到了青少年时期仍能等待，而不急于求成，而那些急不可待、经不住软糖诱惑、只吃到一颗糖的孩子，在青少年时期更容易有固执、优柔寡断和压抑等个性，他们往往屈从于压力并逃避挑战。

所以，我们可以得出这样的结论：有耐心的孩子容易表现出更强的社会竞争性、较高的效率和较强的自信心。相对来说，他们也更加独立、主动，能较好地应对挫折，遇到困难不会手足无措和退缩。

现在我们也已经明白了，一个孩子长大成人后能否成功，其中很重要的一个因素就是他有没有足够的耐心。而只有那些有耐心的父母，才可能把孩子培养成有耐心的人。所以，要训练孩子的耐心和耐力，父母本身就必须要有耐心，能沉住气。

这是一天中午，妈妈正在埋头工作，妮娜走过来拉着妈妈的衣角，央求道："妈妈陪我到公园去玩嘛。"

妈妈正忙于手头的工作，于是头也没抬地对妮娜说："妈妈工作正做到一半，等把文章整理完就出去。"

过了一会儿，妮娜又来催促妈妈："妈妈，还要等多久？我现在就要出去。"

"妮娜，我急着赶工作，你先玩一会儿玩具，再等一会儿。"妈妈继续忙碌着。

听到妈妈的这些话，妮娜闷闷不乐地回到自己的房间里看书去了。

等妈妈终于做完工作之后，去叫妮娜："我完成工作了，走吧，我们一起出去玩。"

"不，等一等，这本书我正看了一半。"妮娜捧着一本书，模仿着母亲的口气说道。

妈妈并不因为女儿的故意模仿而生气，她认为这是培养孩子耐性的好机会，也是对女儿的尊重。因此，妈妈很有耐心地坐在客厅的沙发上又等起了妮娜。最后，等到小妮娜读完那本书，两人才一起出门。

其实，在现实生活中，许多孩子往往是要求繁多，没有耐心可言的。比如想要新书包，就把刚买的丢掉，如果爸妈不给买，就坚决不上学；刚吃完一块巧克力，还要再接着吃，爸爸妈妈不拿给自己，就坐在地上哭。买得慢了，拿得慢了，都要惹来孩子的一阵哭闹。

总之，不管什么需求，孩子只要想到，就要立刻实现，否则就闹得不得安宁。这一切不良的表现都是因为孩子缺乏耐心，被父母给娇惯坏了，说什么就要做什么，一贯的"说到做到"。

我们要让孩子彻底改掉这些坏习惯，要让孩子学会"等待"，对孩子提出的要求，不能总是有求必应。

应该让孩子学会适当等待，父母要适当延迟对孩子要求的满足。虽然，我们的孩子表面看上去是被娇惯坏了，可我们仔细想一想，是谁把孩子娇惯成了这样呢？正是我们的"有求必应"滋长了孩子的这种习惯和心态。

另外，外界事物的干涉也容易影响孩子的心智，让他们的性格飘忽不定。所以，孩子的耐性及恒心差等不良习惯也是周围环境影响的结果。当然，一个人要想在事业上获得成功，不仅要有聪明才智，还需要有持之以恒的毅力。

因此，培养孩子克服困难、坚持努力的精神是很重要的，父母们要培养孩子的耐性，可以参考以下建议：

要孩子坚持，我们就要耐心教育

可以分配给孩子一件事情，让孩子彻底完成后才能离开，中间的过程就锻炼了孩子的耐心及毅力。如果孩子不能坚持完成，我们要在一旁指导与鼓励。

用循序渐进的方法来培养孩子的耐心

孩子还小，多半难以将注意力集中，可能只学习了一会儿就烦躁不已，坐不住想往外跑。这时，我们不要批评孩子或者强迫孩子留下，而要用游戏的方法来吸引孩子，使他坚持下去。开始时间可以短一些，等孩子对学习有了兴趣再逐渐延长时间。

好习惯，从生活点滴中培养

现代社会，什么都讲求效率，因而产生了一批快速消费的产品，比如快餐、方便面、即溶奶粉、速溶咖啡等等。只要想吃，瞬间就可以达成愿望，尽管味道并不怎么好。

但是人们还是乐于追求这类食品，因为快速意味着节省出了大量的时间。从表面上看来似乎很正常，但实际上却使孩子丧失了训练耐性的机会。因此，在生活中应让孩子多亲自动手，亲身体验，减少对快速消费产品的使用。

利用玩具来锻炼孩子的耐心

爸爸妈妈应利用玩具来有效地训练孩子的耐性。不仅要帮助孩子选一些能够训练耐性的玩具，还要监督孩子在玩玩具时，做到有始有终，不得中途改做其他事情。

比如在孩子玩积木的时候，如果积木坍塌，我们应该鼓励孩子继续摆放，不可以把积木丢在一边不管。也不要正在摆积木时，转而去做其他的事情。这些都是不提倡的，应该让孩子专心致志地投入到一个活动中去。

在游戏中训练孩子的耐心

在孩子玩游戏的过程中，父母要注意训练孩子的耐性。多选择一些有助于锻炼孩子耐性的游戏，并让自己也参与其中。在玩耍的过程中，要教育孩子有始有终，不能半途去做别的事情而分散精力。

给孩子适当的鼓励与协助

如果孩子失去信心，没有耐性，做一件事眼看要半途而废的时候，我们就应该出面鼓励孩子继续完成，并给予孩子适当的协助。或许孩子选择放弃，只是因为一个非常小的困难阻碍了他。

当孩子把事情做完时，我们要给予孩子适当的鼓励，使他们今后能把每件事都做完。如果孩子对每件事都能做到有始有终，让孩子从小就养成把每件事做完的习惯，将事情做到底，这就是最好的耐性训练。

第三章

好习惯从孩子的知礼、自力自主开始

阳光未来丛书

成功从培养孩子的好习惯开始

YANGGUANG WEILAI CONGSHU

CHENGGONG CONGPEIYANG HAIZI DE

HAOXIGUAN KAISHI

培养懂礼貌的孩子

礼貌是人与人之间沟通的基础，微笑是沟通时最好的表情，这是爸爸妈妈们都知晓的道理。那么，您注重培养孩子讲礼貌的习惯了吗？您的孩子是不是人见人爱的乖宝贝呢？

相对来说，懂礼貌的孩子更容易被大家所接受，成为一个受欢迎的小朋友。所以，我们要从小培养孩子懂礼貌的好习惯，这会使我们的"小天使"更招人喜爱，更易融入社会。而且，培养一个懂礼貌且彬彬有礼的孩子，也是我们进行家庭教育的前提与基础。

那么，让我们一起阅读这个关于礼貌的小故事吧，看看礼貌问题对于一个孩子来说，到底有多重要：

米雅是一个活泼开朗的小女孩，但让妈妈比较困扰的一点就是：米雅不太懂礼貌。

米雅想喝酸奶了，会冲着妈妈大喊："我要喝酸奶！"

妈妈为了教会米雅使用礼貌用语，就故意装作没听见。

米雅叫了几声，见妈妈不理，就跑过来说："妈妈，你有没有听见我说要喝酸奶呢？"

妈妈说："我听见了，可我不知道你在叫谁呀，你又没有叫'妈妈'。"

米雅笑着说："妈妈，我想喝酸奶。"

"说得还不对。"

"怎么又不对了？"

"你要说：'妈妈，我想喝酸奶，请您帮我拿，好吗？'"

米雅重复了一遍这句话后，妈妈才去拿了酸奶。

等米雅喝完，转身去玩时，却被妈妈一把拉住说："还没完呢！"

米雅瞪着大眼睛说："完了，喝完了！"

妈妈说："你还没有说声谢谢呢。"

"哦，还要说声谢谢？"

"当然啦，别人帮你做了事，你怎么可以不说声谢谢呢？"

这位母亲就是这样一点一滴训练女儿学会使用文明语言的。

或许，现在仍有许多父母因为孩子的"失礼"而头疼。周末，家里来了客人，妈妈对女儿说："快向叔叔和阿姨问好啊！"但女儿只用眼角的余光轻轻地瞟了一眼满是期待的母亲，随即就转身回自己的房间了，留下尴尬的父母与客人。

如此失败的教育范例，看了真让人心寒。那么，怎样才能培养出一个讲礼貌的好孩子呢？我们提出以下几点建议，希望对父母们有所帮助。

我们先为孩子做个好榜样

孩子的礼貌并不是与生俱来的，而是完全由父母在后天培养的。孩子礼貌程度的高低，就是衡量父母教育成功与否的标准。

孩子生来喜欢模仿身边的事物，于是，爸爸妈妈就成了他们最直接的模仿对象。我们身为父母，即使是面对生活中的点滴小事也要做到讲礼貌，这样，才能为孩子树立一个好的榜样。

不要在有客时，把孩子打发到旁边

许多时候，我们会遇到这样的情况：有的爸爸妈妈觉得家里来了客人应该把孩子赶回自己的房间，不让孩子在中间添乱，或者让孩子自己去一边玩耍，不予理会。

殊不知，为了这片刻的安宁，我们已经在不经意中剥夺了孩子参与社会交际的权利。而这一不经意的举动，也伤害了孩子幼小的自尊心。

将教条变为真实的生活场景

我们千叮万嘱教会孩子使用礼貌用语，但是，只用说教的形式很难让孩子记忆深刻。就算记住了，在真正需要说出口的时候，孩子又沉默了。

所以，我们要适当设置真实的生活场景，引导孩子自己说出来。这样，既能引起孩子的兴趣又能给孩子一种真实的生活体验。

不要强迫孩子向陌生客人问好

不要因为孩子小，我们就去掌控他的一切。孩子年龄再小，也有他独立的思维空间。

许多父母，在家里来客人时，会强迫沉默的孩子向陌生人问好。如果孩子拒绝，得到的就是一阵生拉硬扯。这样的教育方法是绝对错误的，这种强迫的方式非但达不到目的，反而会引起孩子的逆反心理。

培养孩子懂礼貌的习惯要从小做起，并且在一开始就使用正确的教育方式来引导孩子。如果您的孩子现在仍旧沉默腼腆，请爸爸妈妈们不要着急，因为，好习惯的养成，是需要经历漫长过程的。

我们身为父母，应该以足够的耐心来引导孩子。只要我们和孩子一起努力，不久之后，我们的宝贝也可以成为人见人爱的"礼貌标兵"。

孝敬父母要做好

古语说："百善孝为先。"可见，"孝"是中华民族的传统美德。亲情也是众多情感中最为重要、不可缺失的一种情感。尊敬老人、孝敬父母，也是我们的教育前提。

中华美德源远流长，以往的每一代人都能很好地传承孝顺的美德。可是现在的"新一代"，为什么将这种观念淡化了呢？是不是我们的教育方式出了错呢？怎样让孩子懂得尊重、孝敬父母呢？

首先，我们看看古代真正的"小皇帝"是怎样孝敬父母的，看看这一美德在那个时代的表现形式是什么。

公元前 206 年，刘邦建立了西汉政权。刘邦的三儿子刘恒，即后来的汉文帝，是一个有名的大孝子。刘恒对他的母亲很孝顺，从来也不怠慢。

有一次，他的母亲患了重病，这可急坏了刘恒。他母亲一病就是三年，卧床不起。刘恒亲自为母亲煎汤药，并且日夜守护在母亲的床前。每次看到母亲睡了，才趴在母亲床边睡一会儿。刘恒天天为母亲煎药，每次煎完，自己总先尝一尝，看看汤药苦不苦、烫不烫，自己觉得差不多了，才给母亲喝。

刘恒孝顺母亲的事，在朝野广为流传。人们都称赞他是一个仁孝之子。有诗颂曰：仁孝闻天下，巍巍冠百王。母后三载病，汤药必先尝。

这就是古代《二十四孝》中最著名的"亲尝汤药"的故事。可是，对于现在的一些独生子女，我们再也找不出如此的范例了。不好的例子倒是不胜枚举，比如吃饭时，孩子爱吃的，全家人都不准吃，只能由"小皇帝"自己品尝，独占独享。

吃过饭后，孩子放下碗就跑去玩了，全然不顾餐桌上的一片狼籍，更不要说帮着爸爸妈妈收拾碗筷了。父母的百般呵护、细致入微，换来的只是孩子的理所当然，凡此种种，都让我们忧虑。

下面我们再看看这个叫宝宝的小朋友，她又有怎样的小故事呢？

宝宝今年10岁了，爸爸妈妈对她宠爱有加，宝宝虽然很喜欢自己的爸爸妈妈，却不知道去心疼他们。每天晚上，爸爸妈妈拖着疲惫的身体回到家里，宝宝还硬要父母陪她玩"骑大马"，边玩还边催促着他们做晚饭。

宝宝的爸妈经常为此而感到伤神。他们也明显地意识到，自己对孩子的宠爱让宝宝丧失了孝敬父母的意识。

于是，宝宝的爸妈决定：从生活小事做起，培养宝宝的这种意识。

有一次，宝宝来了兴趣，要尝试自己洗碗筷。若放在以前，妈妈是不会答应的，可是，这一次妈妈痛快地答应了宝宝。第一次洗碗筷，宝宝感到十分费劲，力气大了，怕碗碟破碎，力气小了，怕洗不干净。

宝宝这时问起妈妈："妈妈，你平时刷锅洗碗也这么累吗？"妈妈说："虽然我力气要比你大些，不过每次洗那么脏的碗筷，也是很累的。"宝宝听完后，想了想说："妈妈，我现在长大了，以后我来洗家里的碗筷吧。"

妈妈听了宝宝的话，心里不知有多高兴，并立即夸奖宝宝说："女儿懂事了，知道心疼妈妈了。"听了妈妈的夸奖，宝宝高兴地笑了。从此以后，宝宝变得懂事多了，知道主动帮爸爸妈妈承担一些家务。对于自己的爸爸妈妈，宝宝也懂得关心与体贴了。

其实，孝敬父母不是单一的习惯问题，它也体现出一个孩子能否关心他人、设身处地地为他人着想。我们作为家长心里非常清楚，如果一个孩子连最基本的孝敬父母都做不到，以后是不可能做好任何事情的。因此，我们一定要重视培养孩子孝敬父母的好习惯。

那么，家长该怎样培养孩子养成孝敬父母的好习惯呢？我们总结出以下几点，希望对您有所帮助。

让孩子知道长幼有别，尊重父母

在许多家庭中，父母与子女的关系并没有处在一个合理的平衡点上：要么就是疼爱过度，要么就是过于严厉，不左就右，很难权衡。

为了让孩子学会孝敬父母，我们首先要懂得尊重孩子。只有将这个平衡点维持在最好的位置上，父母与孩子的关系才能合理平稳地发展。孩子应该在我们的帮助与指导下生活与学习，而不是被父母完全掌控。

我们只有给予孩子适当独立的空间，孩子才有思考的余地。否则，只是按父母的吩咐行事，就变成了我们跟孩子要孝敬，而不是孩子主动孝敬父母了。

让孩子了解养育的辛苦与不易

现在的孩子，多数不知道父母赚钱辛苦，爸爸妈妈觉得孩子太小，与他们沟通工作上面的事情完全是天方夜谭。因此，孩子想要什么就买什么，不想掏钱的时候，就训斥孩子，这样的举动并无益于我们维持父母形象，也让无辜的孩子成了"牺牲品"。

为了让孩子更合理地消费，让他们知道养育的辛苦与不易，我们应该适时提起自己工作上的事情，让孩子知道赚钱辛苦，不能一看见喜欢的就向爸爸妈妈要钱去买，不买就闹。这样，既恢复了孩子的知情权，也能让孩子珍惜自己现有的生活，从心里产生对父母的尊敬和感激。日后，当孩子再次看见喜欢的东西想要购买时，他就会想起爸爸妈妈赚钱不易，会思考完毕后再决定是否购买。

从生活小事开始，培养孩子孝敬父母的习惯

我们培养孩子孝敬父母，就是希望孩子能做到听从父母教导、关心父母健康、分担父母忧虑、参与家务劳动、不给父母添乱。而要把这些要求变为孩子在日常生活中的一种习惯性行为，我们就应当从日常小事抓起，从幼年时期开始培养孩子。比如饭后要求孩子主动收拾碗筷、自己的小衣服可以自己洗涤、自己的房间自己收拾等等。孩子力所能及的事情，父母不要包办，而应该给孩子发挥的机会。孩子经常锻炼，自然会形成良好的习惯。

当然，一切不能操之过急，培养孩子的好习惯不是一朝一夕的事情。我们要根据孩子的年龄及个性特点来具体引导、耐心培养、热情鼓励。这样，既培养了孩子爱做家务的好习惯，也培养了孩子孝敬父母的意识，一举两得，我们何乐而不为呢？

以身作则，为孩子树立最好的榜样

我们一直因为孩子对我们的恶劣态度而感到困扰不安。那么，我们对待自己的长辈是否就有良好的态度呢？孩子的好习惯是我们培养的，那么，孩子的坏习惯是跟谁学的呢？答案也是我们自己。

孩子的模仿力与观察力都很强，我们对待自己的长辈是什么态度，孩子对我们就是什么态度，这就是最直接的影响。我们就是孩子或好或坏的模仿对象。

所以，我们在工作之余要多与老人相处，自己首先要做到孝敬长辈。这样，孩子在耳濡目染、潜移默化中，也会逐步养成尊敬长辈、孝敬父母的好习惯。

乐观开朗，生活愉快

要想让孩子生活幸福，从小就要教会他们乐观面对人生，乐观的孩子总是能对未来充满希望。遇到困难，乐观能使人沉稳冷静，保持乐观的态度对孩子来说是十分重要的，好的人生态度能帮助孩子渡过难关。

◎积极的情绪能够激发人体的潜能，使其保持旺盛的体力和精力，维护心理健康。

◎消极的情绪只能使人意志消沉，有碍身心健康。

其实，孩子在进入校门以前，已经开始具有乐观与悲观两种人生态度，而他更偏重于哪一种态度，就取决于父母对孩子的教育。据调查显示，有很多悲观的孩子，其实是受到父母的影响，以至于对人生产生悲观情绪，失去克服困难的勇气与信心。

所以，我们作为孩子的父母，首先要做到乐观面对人生，我们的乐观态度是可以感染孩子的。此外，在早期教育中，我们要多用鼓励、支持的教育方法，帮助孩子获得成功的体验，这对于他们确立自信心、形成乐观的人生态度也是十分重要的。

或许，有许多爸爸妈妈仍然没有感觉到乐观与悲观到底对孩子的影响有多大，那么，看看下面这个外国小故事，我们就会知道，因为态度的不同，孩子们会对事物产生截然不同的看法。

一位父亲准备对自己的两个儿子进行"性格改造"，因为其中一个太过乐观，而另一个则过分悲观。

一天，他买了许多色泽鲜艳的新玩具给悲观的孩子，又把乐观的孩子送进了一间堆满马粪的车房里。第二天清晨，父亲看到悲观的孩子正泣不成声，便问："为什么不玩那些新玩具呢？"

"玩了就会坏的。"悲观的孩子仍在哭泣。

父亲叹了口气，走进车房，发现乐观的孩子正兴高采烈地在马粪里掏什么。

过了一会儿，乐观的孩子得意扬扬地向父亲说："告诉你，爸爸，我想马粪堆里一定还藏着一匹小马呢。"

又过了一阵子，父亲送给两个孩子每人半瓶饮料，悲观的孩子没有喝，因为他看到只剩下半瓶了，而乐观的孩子拿起半瓶饮料特别高兴地说："太好了，还有半瓶呢！"

两个孩子因为拥有不同的人生态度，而对不同或相同的事物有了截然不同的看法与判断。

其实，在相同的生活环境中，仍会有人觉得幸福与满足，而有人觉得不幸与沮丧。可是，幸与不幸，都是人们个人的看法而已，并没有客观的因素存在。

但值得肯定的是，保持乐观态度的人，感到生活幸福的机率会比较大；那些因感到不幸而终日抱怨的人，往往也是人生的悲观者。

那么，我们该如何培养孩子乐观的生活态度呢？学校的教科书里可没有教孩子怎样保持乐观，于是，这个重担就落在了我们做父母的身上。而孩子的乐观态度，直接受到父母的影响，如果我们遇事能够乐观处理，孩子就会模仿我们的处理方式。

所以，当孩子遇到困难时，我们应该站在孩子的身旁鼓励并支持他。那么，具体到生活中，我们该如何让孩子养成积极乐观的习惯呢？以下几个方面可为爸爸妈妈们提供参考。

维系好和孩子之间的感情纽带

我们是孩子的大朋友，孩子只有在最初能与我们好好相处，才能与其他小朋友和谐共处。所以，应该怎样待人接物，都是我们教给孩子的。

将决策权还给孩子

从小过于拘束的孩子，总是处在自卑的情绪中。而将决策权还给孩子，能使他们开始重视自己的想法，只有善于思考的孩子，才能在遇到困难时作出正确的选择。

为孩子调理心态

每个孩子都有开心与失落的时候。当孩子开心时，我们可以分享他的快乐；当孩子失落时，我们应该引导孩子，给予他们正确的心理辅导，从而帮助他们走出痛苦。只有心里充满阳光的孩子才是乐观的孩子。

让孩子消除过多的"贪念"

大部分孩子拥有太多的物质占有欲，比如看到喜欢的玩具就想要，得到了就满足，得不到就失落。这一切会让孩子认为幸福就是得到喜欢的玩具，使他形成错误的价值观。所以，我们要适时提醒孩子：不要过于要求父母来满足自己的物质欲。

讲究卫生身体好

讲究卫生是一个孩子在涉世之初就要养成的好习惯。好的卫生习惯不仅关系到孩子的生活问题，更重要的是关系到孩子的健康问题。

一个健康的孩子一定是讲卫生的，而那些爱生病的孩子，在卫生习惯上，往往都存在着一些小问题。所以，为了我们的孩子能够健康可爱，父母要从小教育孩子：讲究卫生，养成良好的个人卫生习惯。

首先，我们来看看别的小朋友是怎样养成讲究卫生的好习惯的。

宝宝的妈妈是一位医生，因为职业的关系，她特别注意培养女儿的卫生习惯。妈妈跟宝宝说："要做个讲卫生、爱清洁的孩子，这样别人才会喜欢你。首先，宝宝要从饭前便后洗手做起哦。"

宝宝问妈妈："为什么饭前便后要洗手？"

妈妈告诉她："因为双手每天要碰各种各样的东西，会沾染很多细菌，要是在吃饭前不洗干净，吃饭时把细菌吃进肚子里就会长出虫子来。有虫子，就要去医院打针吃药了。

所以，每次宝宝洗手时，妈妈都为她准备好肥皂、擦手毛巾，放在宝宝容易拿到的地方。妈妈还教会宝宝洗手时把袖子挽起，手心、手背都洗干净。最后，妈妈还会耐心地给宝宝作一遍示范。

于是，宝宝每天早晨起床后，自己洗脸、洗手。特别是吃饭前，再也不用妈妈来提醒，便会主动去洗手，打肥皂，把手擦干。现在，宝宝已经完全养成了良好的卫生习惯。

看来，宝宝在妈妈的监督下已经养成了良好的卫生习惯。不过，不要羡慕了，我们的孩子也一样可以很讲卫生，只要我们注意以下几点就可以了：

洗手、洗脸

细菌总是容易附着在孩子的手上、脸上。不爱洗手的孩子吃到细菌会肚子疼；不爱洗脸的孩子，总是脏兮兮的，好似一张"花猫脸"。只要孩子能够勤洗手、洗脸，既有利于健康，又白白净净，招人喜爱。所以，不管孩子怎么抗拒，我们都要督促孩子每天按时洗手、洗脸。

比如早晚出门、外出回家、饭前、便后都要做到及时洗净双手和小脸蛋。

刷牙、漱口

宝宝 2 岁时，可以用凉开水漱口；3 到 4 岁时可以让他在饭后漱口；当孩子开始学刷牙时，要坚持早晚各一次。最重要的是教会孩子正确的刷牙姿势，以此来保护牙齿，预防龋齿。

如果孩子拒绝刷牙，那么龋齿会让孩子寝食难安，从而影响到孩子对营养的吸收，直接阻碍了宝宝的茁壮成长。由此可见，不爱刷牙的后果是非常严重的。

洗澡、洗脚

许多孩子都喜欢洗澡，他们觉得洗澡时可以玩水。但洗澡的目的是为了清除身上的污垢，可是孩子们的嬉戏却丝毫不能达到这一目的。所以，这时就要爸爸妈妈陪在孩子身边，帮助孩子洗澡，不能任由孩子自己在水里玩耍，然后就算沐浴完毕了。如果一直不教会孩子正确的洗澡方法，孩子对于洗澡的认识永远只停留在玩水的阶段。

除了洗澡，我们还要教会孩子在睡觉前养成洗脚的习惯。夏天应该天天洗澡、换衣，其他季节也应定期洗澡、洗头、勤换内衣裤。

如果孩子不爱洗澡，那么肯定是气味难闻，会被别人疏远，而且，不洗澡身体就会发痒，这些我们都要告知孩子，让他们知道自己不讲卫生的后果是什么。孩子们认识到事情的危害性，就会自觉讲究个人卫生了。

提醒孩子勤理发、勤剪指甲

许多孩子不喜欢理发、剪指甲，他们认为那样会很痛。而指甲长了，很容易藏污纳垢，特别不卫生，也容易抓伤皮肤。我们应该定期给孩子修剪指甲，即使孩子拒绝，也要进行。特别是爱"吃手指"的孩子，指甲里的细菌更是"要命的杀手"。

擦鼻涕

我们给孩子擦鼻涕时，动作要轻，以免引起孩子的反感。等孩子稍微大一些的时候，我们要为孩子配备一条小手绢，教会孩子勤擦鼻涕，讲究个人卫生。

其实，培养孩子良好的个人卫生习惯，是离不开爸爸妈妈的引导与监督的。我们在教会孩子正确方法的同时，也要鼓励孩子继续保持下去。只有持之以恒，才能让讲究卫生成为孩子的一种好习惯。

孩子"吃手指"就会肚子疼吗

吮吸手指几乎成了现在孩子们的标志性动作，闲来无事，孩子们就会习惯性地把手指放进嘴里。任凭爸爸妈妈批评，甚至打手，孩子们就是改不掉这个危害健康的坏习惯。那么，孩子为什么喜欢吮吸手指呢？其根本的原因又是什么呢？

原来，孩子吮吸手指是一种心理活动的表现。当孩子处在无聊、焦躁中时，就会控制不住自己，习惯性地吮吸手指。看来，孩子的不良习惯与他们的心理因素有关。

其实，在婴儿时期，孩子最直接触碰到的就是自己的双手。一旦孩子第一次把手放进嘴里时父母没有阻止，孩子就会形成习惯。在他们思考问题或者情绪焦虑、有饥饿感时，就会不自觉地吮吸手指，习惯也由此生成。

邻居家有个聪明可爱的女孩，名叫小雪，是个安静而温顺的小姑娘。可是小雪的妈妈发现十多岁的女儿"吃手指"！每次，妈妈喊小雪的时候，都发现小雪正在"吃手指"。

开始，小雪的妈妈并不在意，每次看到小雪"吃手指"，只是批评她几句，或者把小雪的手拿开。可是，近些天妈妈发现女儿的手指已经被她自己吮到发红，有的已经破了皮或者表面发白。看来小雪爱"吃手指"的毛病已经形成习惯了。

而且，更为严重的是，小雪有时会肚子疼，疼得她掉眼泪。妈妈为小雪买了打虫药，打出虫子后，小雪才恢复了健康。妈妈左思右想，孩子肚子里的虫子是从哪里来的呢？罪魁祸首就是小雪吃进肚子里的细菌。

对爱"吃手指"的孩子，我们可采取以下办法帮他们改正这个坏习惯：

找出孩子爱"吃手指"的真正原因

前面我们已经分析过，孩子吮吸手指是心理因素造成的。所以，改善孩子的心理环境，是我们根除孩子坏习惯的首要任务。

在日常生活中，我们要注意给孩子营造轻松愉悦的气氛。如果发现孩子有爱"吃手指"的坏习惯，我们要耐心地劝说并帮助孩子纠正，千万不要急躁，更不要训斥或责骂孩子。

帮助孩子转移注意力

让孩子戒除"吃手指"的最好办法就是分散孩子的注意力，或安排他关注外界事物。如果看到孩子又在"吃手指"，我们要以温和的态度，将孩子的手从其嘴边拿开。此时，不要再说什么，继续做手上的工作。经过一段时间，若发现孩子"吃手指"的行为有所减少，我们就要及时表扬。

消除孩子对坏习惯的印象

孩子"吃手指"是习惯性动作，如果我们每次都因为此事而批评孩子，那么孩子就会对这个坏习惯记忆深刻。正确的做法是让孩子减少对"吃手指"的记忆，直到慢慢忘却。当孩子焦虑或烦躁时，父母要教会他们用别的方式来宣泄自己内心的情绪。

挑食、偏食影响孩子身体健康

挑食、偏食是孩子们普遍存在的坏习惯。越是可口的饭菜，他们似乎越能挑出其中的不足。再丰盛的饭菜，也只是随便挑几口自己喜欢吃的，不喜欢吃的就一口都不吃，任凭爸爸妈妈怎么劝说，都无济于事。

现在的孩子在饮食上主要存在几个不好的表现，比如喝调和的饮料，而不喜欢喝白开水；喜欢吃零食，却不爱吃大米饭；过于依赖糖果，总是大量进食。这样就造成了孩子虚胖或者营养不良，甚至引发"头大身小"的症状。

广告商大肆宣传各种针对孩子研发的营养药片，而这些营养本该是孩子在食物中摄取的。正是因为孩子们饮食习惯不好，因此需要买药来补，这真是一个可怕的现象。不好好吃饭的孩子不光身体虚弱，连精神面貌也不够饱满。

孩子偏食、挑食的坏习惯一旦形成，很难纠正，爸爸妈妈更不忍心去纠正孩子，于是恶性循环由此而生。每天吃饭，父母端着碗，跟在孩子后面追，仿佛一幅生动的"猫和老鼠"的画面。孩子不好好吃饭真成了让爸爸妈妈特别头疼的一件事。

年幼的宝宝已经学会自己吃饭了，但是宝宝最讨厌吃豆类食品。有一次晚饭，宝宝的妈妈炒了豆角，因为豆角里面有豆子，所以，宝宝拒绝食用。为了让女儿得到均衡的营养，妈妈下定决心非要让宝宝把那些豆角吃下去不可。

可是，不管妈妈怎么劝说，软硬兼施，宝宝就是不肯吃。只是坐在那里愤愤地掉泪，豆角还是原来的样子。

最后，爸爸生气了，硬是把一筷子豆角塞进了宝宝的嘴里，但是，宝宝不肯把它们咽下去。一直到睡觉的时候，宝宝竟然还含着那一口豆角。

第二天早晨，妈妈在宝宝的床底下发现了一小堆昨天的豆角。爸爸妈妈都很困惑，宝宝怎么会如此倔犟？当然，并不是每一个小孩子都像宝宝这么倔犟。但确实有许多孩子会在吃饭问题上同父母较量一番，这是一场他们很喜欢玩的游戏。

即使再小的孩子，只要是他不想吃的，我们用尽各种办法也是毫无用处的。长久以来，爸爸妈妈都在寻求一个解决的方法，但都无济于事。

很多孩子，平时特别乖巧，可一到吃饭时间，就让人头疼烦躁，到处跑不说，还喜欢把嘴里的食物到处丢，爸爸妈妈只能弯着腰跟在后面边捡边训斥。最后，往往以父母体力不支而告终，孩子真正吃到嘴里的饭却没有几口。

很多孩子都有偏食的坏习惯，年龄越小的孩子，越容易挑食、偏食。而这些孩子往往胃口不好、身体瘦弱，吃起零食却是毫不忌口。当我们辛辛苦苦为孩子准备好一桌丰盛的饭菜时，孩子却说他已经吃零食吃饱了，我们的心情会是多么糟糕呢。

更让我们担心的是孩子的健康问题，不能均衡进食，营养就不能全面到位，最终严重影响了孩子的健康。看来，小小的饮食问题不容忽视，我们要尽快纠正孩子饮食上的坏习惯。

其实，孩子偏食的原因既有身体的因素，也有心理的因素。有时候，我们不爱吃什么，就不经常做什么。偶尔的一天，这个新鲜的饭菜品种突然出现，孩子就会无法接受。又或者，我们爱吃什么，一日三餐就全是什么，这样特别容易让孩子厌恶某一种食物。

所以，孩子的好习惯是我们培养的，坏习惯也是我们帮他们养成的。当然，有的孩子有厌食症，这是父母无能为力的事情，应该尽早带着孩子去医院，进行治疗与恢复。

为了帮助孩子纠正偏食、挑食的坏习惯，我们为家长提供了以下方法：

◎父母不要在孩子面前说自己不吃什么、什么菜不好吃等等。

◎做菜时要注意烹调技巧，尽量让饭菜可口美味。

◎不可娇惯孩子，不能一见孩子不爱吃什么，以后就不再做什么。

◎不要和客人说自己的孩子不爱吃什么，这样会让孩子觉得挑食是理所当然的事。

◎不要用强制的方法逼孩子吃某种不喜爱的食物。

◎要积极启发孩子对各种食物的兴趣。

◎在孩子胃口好、心情好的情况下，我们可以引导孩子纠正饮食上的坏习惯。

◎减少孩子的零食量，让他们少喝冷饮等刺激肠胃的饮料，这样才能增加孩子的食欲。

对于难以纠正坏习惯的孩子，我们要耐心引导，持之以恒。

不做赖床的"小懒虫"

每天早上赖床的孩子真是让爸爸妈妈颇为烦恼。自己早早起来喊孩子，可是每次都要闹得很不愉快，孩子才会慵懒地从床上下来，不紧不慢地穿衣洗漱。忙了一清早做好的早餐，往往因为孩子的贪睡而无人问津。孩子爱睡懒觉，真是让人头疼的一个大难题。

小明读四年级了，是个非常可爱的孩子，不仅学习成绩突出，而且非常听爸爸妈妈的话，全家老小都喜欢他。然而最近妈妈却发现小明开始变得爱睡懒觉了，经常是快要迟到了，才不得已穿衣服起床，早餐也来不及吃就夺门而出。

妈妈感到疑惑，以前小明可不会发生这种情况。于是，妈妈开始留心小明的言行举止。

终于，妈妈找到了孩子变化的原因。原来学校前段时间组织了一个长跑队，小明被选上了。于是，他每天要参加学校长跑队的训练，由于长跑运动体力消耗大，小明的身体疲劳极了。

搞清楚了原因，妈妈首先与学校取得了联系，一起为小明安排了合理的运动时间。同时，妈妈也在积极鼓励小明坚持锻炼。除了在饮食上为儿子添足营养外，妈妈还为他买了一个小闹钟。经过共同的努力，小明终于又回到了以前早睡早起的好状态。

看来，孩子赖床的毛病是可以改掉的，关键是找到赖床的真实原因。如果任凭孩子晚睡晚起，这样下去只能形成恶性循环，永远找不出问题的症结所在，孩子赖床的坏习惯也就无法从根本上纠正了。

其实，孩子喜欢赖床除了身体原因以外，还包括许多心理原因。解决孩子爱睡懒觉的坏习惯，我们应该让孩子从以下几个方面做起：

睡眠时间一定要保证

孩子还处在身体发育阶段，充足的睡眠时间是孩子健康的保证，孩子在休息时间内能很好地长身体。所以，我们必须保证孩子拥有充足的睡眠时间。

比如半岁前婴儿每天睡眠约需 15~20 小时，1 岁约需 15~16 小时，2~3 岁约需 12~14 小时，4~6 岁约需 11~12 小时，7 岁以上约需 9~10 小时。

午睡必不可少

许多父母忽视了孩子午休的时间，认为午休是可有可无的。其实，午休对孩子来说也至关重要。时间不必太长，过久的午休会影响到孩子晚上的睡眠质量，但是缺少了午休，孩子又会一下午都无精打采。所以，为了让孩子拥有充沛的精力，我们应该考虑让孩子进行适当的午休。

早睡早起，养成良好的作息习惯

现在的孩子，作业多，学习压力大，娱乐项目丰富，因此，很容易把握不好时间。计划好时间的安排，到最后都无法实施。于是就出现一连串问题：睡觉时间不定时，吃饭时间不固定。这样就形成了杂乱无章的作息安排。

我们必须让孩子养成早睡早起、有规律的生活习惯，这样也有利于孩子调节自己的生物钟。当孩子的生活变得井井有条时，学习效率就会相对提升许多，也更能避免孩子染上懒散的坏习惯。

叫醒孩子起床也要把握时机

有时候，孩子喜欢赖床，其实是他们正处在深度睡眠中，被爸爸妈妈硬拉起来，当然觉得不舒服，所以就喜欢赖在床上再适时休息一会儿。

针对这种情况，爸爸妈妈们应该把握好喊孩子起床的时间。不能因为怕孩子赖床，就过早地喊他们起床，这样孩子的休息时间不充足就无法做到精神饱满，他们甚至会对爸爸妈妈的这一举动产生逆反心理。

孩子做得好，我们要及时鼓励

不要因为孩子赖床，我们就大声训斥孩子。如果孩子每天起床后面对的都是父母的批评，那他以后会更加讨厌起床了。

我们应该耐心对待孩子，当孩子起床时多给他们一些鼓励，也要为孩子们准备好丰盛的早餐，这样持之以恒，孩子就能很自觉地起床了。

如果孩子表现不好，父母可以给予适当的惩罚

孩子年龄太小，自制能力差，需要爸爸妈妈督促和指导，这是很正常的事情。但是，如果孩子进入校园后，仍旧不能做到早睡早起、自己起床，那么，父母就应该采取适当的措施了。

生命在于运动

"生命在于运动"，这是我们耳熟能详的一句话，说明了运动与身体健康的关系是紧密相连的。健康的体魄是人类生存的基础，有了健康才可以去拥有一切，而失去健康，就意味着失去一切。

我们常常要求孩子德智体全面发展，而注重素质教育与书本教育的同时，我们似乎忽略了孩子的健康问题。

现在的生活条件十分优越，但是孩子的体质却大不如前。与其说孩子太娇贵，还不如说是孩子的身体缺乏锻炼。

而实践告诉我们：体育锻炼有利于孩子的生长发育，锻炼可使人体各种器官的功能得到增强。身体强，学习起来也有能量基础，效率也高。体育锻炼还可以帮助孩子形成某些良好的道德和品质。

或许是因为现代生活节奏过快，运动空间太小，能坚持每天锻炼身体

的孩子少之又少。这让我们很为孩子的身体状况感到担忧。如果，父母希望自己的孩子在日后激烈的社会竞争中胜出，就应该在他们年幼时打好坚实的健康基础。所以，我们身为父母，要从小培养孩子热爱运动的好习惯。

小宝今年 19 岁，刚刚进入大学校门。从小，运动就一直是她生活中必不可少的重要项目。小宝现在身高 1.75 米，身形苗条健美，而且学习成绩优异。在很多女孩儿都热衷于减肥的今天，小宝根本无须节食，让人羡慕的身材穿什么都漂亮。小宝说这一切都得益于自己从小坚持锻炼，家庭环境对自己养成运动的习惯起了重要的作用。

才 7 个月大的时候，爸爸就带小宝参加了一次家庭游泳活动。活动不仅有意思，也让孩子得到了真正的锻炼。到小宝 1 岁多的时候，爸爸妈妈就常带她到儿童游泳馆去玩了。小宝似乎天生喜欢玩水，每次一到水里就显得特别开心，尽情地跟爸爸妈妈和其他的小伙伴嬉戏。

小宝的父母都很热爱运动，他们喜欢打乒乓球，希望乒乓球能成为一项家庭活动，这样全家人就都能享受这种运动了。于是他们去打乒乓球的时候，尽可能带小宝一起去。他们不强迫女儿，也不给她过多指导，就简单地让她按照自己的方式打球。这样下来，到小宝四五岁的时候，她打乒乓球已经像模像样了。

小宝 6 岁的时候，看到电视里小姑娘的体操表演，就又对体操产生了兴趣。妈妈积极支持，每个周末都带小宝去参加健康俱乐部的体操课。小宝学得很认真，而且特别有天赋。父母还常常和小宝一起看电视里的体育节目，通常，小宝和妈妈会支持服装漂亮的比赛队伍，而爸爸则为他喜欢的运动队加油。

为了鼓励女儿练习体操，爸爸妈妈有时候会给孩子录像。小宝喜欢看录像里的自己，看来父母把体操练习变成电视演出让小宝来了不少精神，而且，这样做也帮助小宝看到自己的进步和不足。他们还把录像带寄给了远方的奶奶。

在成长中小宝从来没有停止过锻炼，长大后的小宝，身体健康，精力旺盛，也很聪明，而且，抗挫折的能力也较强。即使偶尔成绩不理想，她也不会垂头丧气，而是依旧对自己充满信心。

小宝说，她对体育锻炼有着深厚的感情，运动已经成为她生活中不可缺少的一部分。

所以，体育锻炼能够帮助孩子养成良好的生活习惯。当孩子养成了良好的生活习惯以后，就能够自觉抵御不良行为，使自己的生活方式更为健康。

培养好的运动习惯会使孩子受益一生。那么，我们应该怎样培养孩子锻炼身体的习惯呢？

培养孩子对体育运动的浓厚兴趣

孩子们都喜欢从事自己感兴趣的运动，所以，他们一旦对某一种体育锻炼发生了兴趣，就会积极主动地去参与其中。我们培养孩子对运动的兴趣，可以先从一些和运动有关的小游戏开始，逐渐培养孩子热爱运动的习惯。

教会孩子正确锻炼身体的方法与技巧

我们要合理安排孩子的运动时间与运动强度，并且教给孩子科学锻炼的方法与锻炼技巧。因为，错误的运动姿势非但不能起到锻炼的作用，还容易发生意外事故，得不偿失。

根据孩子的年龄和体质等特点来制定运动计划

根据孩子的体质来制订适合自己孩子的运动计划，强度要适宜，一切都要以孩子的实际情况为出发点，不可盲目从众，也不可过于剧烈。在孩子年幼的时候，适宜多做一些较为缓和的、活动性比较强的运动，而不宜做用力过大、负重的运动项目。

只有坚持锻炼，才能有所收获

体育锻炼只有持之以恒，才能有所收获。因此，我们帮助孩子制定锻炼计划后，要积极督促孩子天天坚持，并尽量同孩子一起参加到锻炼中来，这样更能激发孩子的兴趣。有了父母的陪伴，孩子才更容易坚持下来。

要站有站样，坐有坐相

在孩子坐着看书、写作业或看电视时，我们应该要求孩子采取正确的姿势，不能弯着腰、驼着背，也不能随意歪在凳子上。因为，不正确的姿势会引发孩子脊椎骨弯曲，影响他们身体的正常发育。

◎正确的站姿是：头正直，胸稍挺，腹微收，两臂下垂，两腿自然伸直，脚跟靠拢，脚尖分开。

◎正确的坐姿是：躯干保持挺直，两肩摆平，眼向前平视，两小腿与地面垂直，两脚平放地上。阅读、写字时，身子不能歪斜，不能趴在桌子上，胸要离桌沿一拳的距离。

◎正确的走姿是：走路时身体保持正直，两眼正视前方，两臂前后自然摆动，两脚向前迈步，脚跟先着地，然后过渡到脚掌着地，保持平衡，不能上下颤动或左右摇摆。

自己的事情自己做

生活自理能力，就是自己管理自己生活的能力。能够独立料理自己的生活，是孩子在成长过程中必须要学会的一个环节。

不能做到生活独立自理，孩子就会一直依赖父母。这样的孩子并不具有竞争力，一旦脱离了父母的扶持，孩子将惊慌失措，不能将生活正常进行下去。因为，他们没有独立生活的意识，不具备独立生存的能力，迟早是要被社会所淘汰的。

在父母溺爱下长大的孩子，因过度娇宠而任性、蛮横、自私、缺乏独立性和克服困难的勇气与能力。这样的孩子是很难长大成人的，更不要说成才了。有这样一个故事，读后让人觉得啼笑皆非。

小刚上高中了，但是要住宿，这可愁坏了他的父亲。不为别的，就为小刚每天起床这件"天大"的事儿。

小刚爸爸还真有办法，自己不能每天跑几十公里路来把小刚从被窝里拽起来，就把这"光荣而又艰巨"的任务交给了小刚的室友。每天起床的时候由室友喊小刚，喊不动就用推的。小刚爸爸也不让人家小同学白干，还按月给那孩子发工资呢。

看来小刚爸爸也真是没有办法了，钱都用上了。但要比起谁更溺爱孩子，下面这位老爸则做得更绝，他不仅不惜金钱，甚至不惜自己的身体与尊严。

学校组织学生去远足旅行，也就是几天的光景。可是，张航的爸爸却给老师写了一张条子，谎称张航身体不舒服。老师又亲自去问张张航，张航说了实话。没办法，张航爸爸只得让孩子去了。

于是，张航就背着爸爸给准备的肉、水果、罐头、香肠、巧克力、饮料……全副武装上路了。这还不算，张航爸爸还特意请了假，骑车远远地在后面跟着学校的队伍，怕张航坚持不住。

到了晚上老师去查铺，发现床底下有一个大活人，吓了一大跳，定睛一看，原来是张航爸爸钻在床底下。这位老爸说："张航没在外睡过觉，怕他翻身掉下来，我在这儿等着接他呢。"

真是可怜天下父母心，溺爱竟然已经发展到了如此的程度，真是让人感到心酸又无奈。可是，父母如此用心良苦地对待孩子，换来的结果却往往让我们失望至极。一个没有生活自理能力的孩子，又怎么能在竞争日趋激烈的社会中站稳脚跟、博得一席之地呢？

在溺爱中长大的孩子，衣来伸手，饭来张口，就算长大成人，也只能是温室里的花朵，经不起风吹雨打。一旦脱离了父母为其布置的温室，就会立刻枯萎，难以成事。

父母的爱子之心固然重要，可是我们并不能照顾孩子一生一世，毕竟我们陪伴孩子的时间是有限的。如果我们只顾眼前孩子能舒服享乐，当我们离开孩子的那一天，孩子就会丧失生活的能力，就要向幸福生活说再见了，今天的溺爱就是为孩子的明天埋下受苦的种子。

我们要从小培养孩子的自理能力，因为儿童时期是培养孩子自理能力的关键时期。通常，孩子到三四岁时，已经萌发出自信心和独立性，很多事情他们都要试着独立去做。这时候，我们应该注意及时鼓励孩子锻炼自己生活的基本能力。

从小培养孩子的生活自理能力，我们建议父母做到以下几点：

父母对孩子不能溺爱，不能娇惯

孩子的自理能力如何，直接取决于父母对孩子的态度。让孩子参与家务管理，这就是我们平常所说的让孩子做自己力所能及的家务事。当然，这样的家务劳动可以和父母一起做，以不影响学习为前提，目的在于培养孩子的生活技能、劳动精神和家庭观念。

孩子力所能及的事情，父母不要包办

比如穿衣服、整理床铺、洗自己的袜子和内裤、整理自己的房间等，一定要他们自己完成。年龄小的孩子可能会做不好，没关系，关键在于练习和尝试。

对于孩子要多鼓励少批评

我们可以一边提出要求一边进行指导，以赞扬和鼓励为主。在孩子做事情的时候，我们要保持信任的态度，尽量不去干涉或阻止，要放手让孩子自由行动，然后，我们再给孩子以鼓励。要知道，自理能力是在实践的基础上培养起来的。

整齐摆放自己的私人物品

每个孩子的房间都有所不同，但是大部分相同的特点就是脏、乱、差。有的孩子总爱乱扔东西，把东西弄得满屋都是，爸爸妈妈弯腰跟在后面收拾都来不及。而这些行为都不是天生的，是从小一点一滴养成的。

一般来讲，孩子没有自己收拾东西的习惯，如果我们再不注意对孩子从小培养，那么日后，孩子会一直保持乱扔东西的坏习惯，成年后独立生存的能力也会很差。

孩子故意乱扔东西，最主要的原因有两个：

◎东西扔在地上会有响声，会变形，孩子喜欢寻求这种刺激。

◎孩子喜欢乱扔东西来引起父母与其他人的注意。

比如孩子扔了玩具，父母一定要来管，一边替他把玩具放回原处，一边还要说教，偶尔还会打几下，这样孩子就觉得自己被注意了，比无人理睬要好得多。

如果，懂事了的孩子依然没有整齐摆放物品的意识或者习惯，我们就要采取硬性措施来帮助孩子树立这种意识，帮他们养成生活的好习惯。

嘉嘉已经上小学六年级了，应该懂事了。可是她有个要命的坏习惯，就是每天放学一回到家，就喜欢把书包、鞋、外衣扔到起居室的地板上，弄得整个房间一片狼藉。虽然嘉嘉偶尔也会按妈妈的要求把东西摆放好，但大多数时间都是随地乱扔。

对此，妈妈试过很多方法来纠正，但无论是提醒、责备、惩罚，都无济于事，嘉嘉的东西仍旧安静地堆在地板上，一切说教都毫无效果。

一天，嘉嘉妈妈终于看到了嘉嘉走过起居室而没有扔东西，她立即走上前去，轻轻地拥抱了一下嘉嘉，并感谢她的体贴、懂事。嘉嘉刚开始时很吃惊，但很快她的脸上就充满了自豪，因为，她将自己的东西带入自己的房间而受到了肯定与表扬。

至此以后，嘉嘉就尽力去这样做，而妈妈也记着每次都对嘉嘉表示感谢。慢慢地，嘉嘉乱扔东西的坏习惯竟然改过来了。这一切美好的来临，只因为妈妈那个鼓励的拥抱。

孩子坏习惯的养成总是同我们有着密切的关系，我们有义务和责任帮助孩子改掉这些陋习。许多父母也明白这一点，可是却苦于找不到好的解决方法。有的爸爸妈妈也是极其没有耐心的，一旦孩子犯相同的错误，爸爸妈妈就会打骂孩子。

像这种极端的处理方式不仅不能帮助孩子纠正坏习惯，相反，还影响了父母与孩子之间的关系，甚至引起孩子的逆反心理。那么，怎样才能正确帮助孩子纠正乱扔东西的坏习惯呢？我们可以试试以下方法：

不理不睬，装作没看见

孩子喜欢将自己的物品随便摆放，那我们就随他去，不理不睬，装作没看见。等他要用的时候，却怎么也找不到，这时，我们再帮他收拾，放回原处。只有对比之后孩子才会明白，把东西摆放整齐才是最好的选择。

把"坏行为"变成"好行为"

如果，孩子确实改变不了自己乱扔东西的坏习惯，那么我们就要想办法，帮助他们稍作纠正。比如在孩子经常乱扔东西的角落，放置一个物品收纳箱。这样，孩子可以将物品堆放在箱子里，时间长了，就会慢慢养成好习惯了。

告诉孩子，物品摆放要有秩序

许多爸爸妈妈觉得孩子小，他随便乱扔物品，我们跟在后面收拾一下就好了，却没有明确告诉过孩子什么才是正确的做法。我们应该告诉孩子"物品用完了，要放回原处，下次再用，就能马上拿到"这个简单的道理。

经常同孩子一块儿整理房间，整理好了，一块儿欣赏

只有我们与孩子共同进行家务劳动，收拾他们的小房间，孩子才会觉得开心，才愿意去做家务。任务完成时与孩子一同欣赏劳动成果，鼓励孩子继续保持。

表扬要及时

爸爸妈妈的表扬对孩子来说是至关重要的，他们很在意爸爸妈妈的一言一行。父母的一句表扬就能激励孩子继续保持好的习惯，所以，哪怕孩子的进步只有一点点，我们也要及时进行表扬。

我们就是孩子最好的榜样

家中随时都要收拾得干净、整洁。在一个温馨整洁的环境中，孩子是不好意思打破这种宁静的，他们在乱扔东西之前，会三思而行。

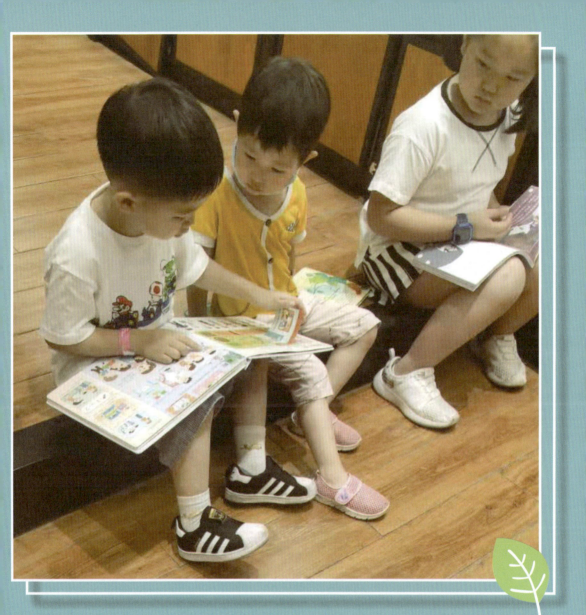

第四章

有爱又文明的习惯让你的孩子与众不同

阳光未来丛书

成功从培养孩子的好习惯开始

YANGGUANG WEILAI CONGSHU

CHENGGONG CONGPEIYANG HAIZI DE

HAOXIGUAN KAISHI

热爱劳动，从小做起

现在的孩子，学习压力大，爸妈心疼孩子，就省去了他们做家务劳动的时间，将这一最好的放松方式，转而用网络游戏来替代。真让人有种"丢了西瓜捡芝麻"的感觉。这样做不光让孩子无法真正放松，还让可怕的"网瘾"伴随在孩子的左右。

学习固然重要，但我们还是可以让孩子抽出少部分时间来从事家务劳动。比如在周末让孩子整理自己的小房间、清除院子里的杂草、帮助小区的爷爷奶奶清理街道等等。

这样一来，既可以让孩子放松身心，也培养了孩子热爱劳动的好习惯，同时还能让孩子从书本中走出来，走进我们的现实生活，体验到劳动的快乐与艰辛。

我们总是不满于孩子的懒惰，想帮助孩子纠正这一习惯。但是，针对劳动习惯的培养，空洞的说教是毫无意义的。要培养孩子从小爱劳动的习惯，就要让他亲自体验，多多训练，最终形成习惯。多做些日常生活中的家务就是最好的锻炼方式。

对于孩子来说，劳动实践是学习知识、认知社会的重要途径。孩子日常的家务劳动锻炼正是难得的学习机会。

如果，我们能和孩子一起做有趣的家务劳动，可以让孩子知道：只有通过自己的劳动，才能享受到真正的人生，享受真正的生活，才能体验到创造的快乐。

相对来说，美国父母在这方面做得就比较合理。在美国家庭中，每一位家庭成员都必须完成他们一定的家务劳动，比如清扫花园、修剪草坪、修缮房屋等等。每到周末，我们可以看到，花园里都是忙碌的"小园丁"，只有完成家务后，孩子们才能开始玩耍。

最重要的是美国父母能分配给孩子最适合他们的家务劳动。美国父母非常清楚，每一个孩子的能力都是有差别的，不同年龄的孩子，得到的劳动任务也应当有所不同。

娜娜满13岁了，开始注重自己的外表了，于是她开始频繁地换漂亮衣服。娜娜确实变美丽了，可是换洗的衣服却成了妈妈沉重的家务负担。

终于，妈妈找娜娜谈话了。妈妈说："宝贝，妈妈工作很忙，你已经13岁了，可以为妈妈分担家务，做一些自己的事情了，以后你的衣服要自己洗。如果你忘记的话，就只好穿脏衣服了。"娜娜很痛快地点了点头。

一周过去了，妈妈发现洗衣机里塞满了娜娜的脏衣服，她很生气，于是严厉地批评了娜娜，娜娜答应妈妈下次不会忘记了。

接下来的一周，娜娜还是没有洗，脏衣服更多了，洗衣机里已经放不下了，那么多的脏衣服都堆在了娜娜的屋里，地板也被占满了。而且娜娜已经没有几件干净衣服可以换了。

妈妈虽然看在眼里，但并不过问。当然，娜娜也有她的应对办法：她从脏衣服堆里捡出稍微干净的衣服继续穿，就是不肯自己动手把脏衣服洗干净。

几周过去，娜娜已经再也拣不出一件稍微干净点儿的衣服了，而妈妈依然是不闻不问。娜娜实在没有办法，只好把衣服一件件洗干净。此后，娜娜的衣服都是由她自己来洗，而且她发现洗衣服并没有她想象得那么难，娜娜甚至还渐渐开始帮妈妈做其他的家务了。

培养孩子主动帮助父母做家务的习惯，我们应该注意以下几点：

明白为什么让孩子做家务

我们要鼓励孩子参加力所能及的家务劳动，不能以孩子学习忙为借口，就放弃对孩子劳动能力的培养。其实，让孩子做适量的家务劳动并不是为了替我们分担什么，而是为了培养孩子热爱劳动的好习惯。

我们要放开双手，让孩子自己去实践，不能因为孩子做不好，或者父母看不惯，就一手包办，我们要把真正锻炼的机会还给孩子。

培养孩子参加家务劳动的兴趣

每次督促孩子做家务，得到的只是孩子的拒绝或者不满，这就是孩子对劳动丧失兴趣的表现。在他们眼里，劳动只是让人觉得疲惫的体力活，毫无兴趣可言。

面对这一现象，我们可以将家务劳动与趣味游戏相结合，比如比赛擦桌子，看谁擦得干净等等。孩子需要有童趣的劳动，而这些趣味，需要我们开动脑筋去发现。

另外，劳动内容要适合孩子的年龄特点，不能太复杂，应该以自我服务为主。时间也不能太长，否则会使孩子过度疲劳，影响劳动效果，甚至产生厌恶劳动的情绪。

家务再繁琐也要有具体分工

家务事往往很繁琐，如果分工不明确，孩子很可能会偷懒。我们要在开始劳动前，明确孩子的劳动目标。劳动中还应提倡相互协作，这样，孩子就能很好地完成爸妈交给的任务了。

孩子干得出色，就要及时表扬

当孩子认真做完一件家务时，我们要及时地予以肯定。让爷爷奶奶一起来参观孩子的劳动成果，参观完毕还要表扬。受到鼓励的孩子得到心理暗示，就会在以后的生活中继续帮助爸爸妈妈做家务劳动。这种刺激与激励的方法更容易让孩子继续保持热爱劳动的好习惯。

珍惜劳动成果最光荣

随着现代家庭生活水平的提高，再加上爸爸妈妈对独生子女的溺爱，孩子们奢侈浪费的坏习惯更加严重了。不管多么贵重的学习用品，坏了就扔，没坏的，用腻了，也要扔。

而更多的孩子，存在这种情况：文具什么时候丢了都不知道，只晓得没文具了就向爸妈要钱去买，至于能坚持用多久，那就不知道了。只要向父母伸手，就会有新文具，东西来得如此容易，孩子们根本没有尝试过失去文具的感觉。

因此，"珍惜劳动成果"就成了一句说教的空话，成了高高悬挂的标语。而不懂得珍惜劳动成果的孩子，也不会清楚"得来不易"这句话的含义。

可是，仍有多数父母认为：现在的家境不错，在物质上能满足孩子就尽量满足，不必为了一些小物品的丢失、毁坏而对孩子进行训斥。父母错误的价值观与生活中的浪费恶习，无形中成了孩子学习的坏榜样。

孩子不知道什么是浪费，也不知道什么是爱惜。尽管这些东西看起来微不足道，花不了多少钱，但对孩子的心理成长是很不利的。如果让孩子养成珍惜劳动成果的好习惯，我们就会有许多意想不到的收获，比如：

◎孩子通过对劳动的真实体验，懂得了劳动成果的珍贵，从而尊重劳动者，珍惜劳动成果，这样就树立了孩子的劳动价值观。

◎如果孩子懂得珍惜劳动成果，也就自然养成了勤俭的习惯。

让我们一起来阅读下面这个小故事，看看您的孩子是否也和故事里的小主人公一样。

6岁的小明聪明活泼，人见人爱，但有一个特别不好的习惯就是爱毁坏物品。小明有很多玩具，但每个玩具都是破破烂烂的。

小明渐渐长大了，兴趣也慢慢转移到了阅读上。但是，小明对待图书依旧很残忍。一本刚买的新书，没过几天就会变得破旧不堪。

妈妈为此十分苦恼，她多希望小明能改掉这个坏习惯。但是，不管怎么叮嘱小明，都不见效。家里的大小物品，依然被小明摔得"啪啪"直响。

为了帮助像小明这样的孩子改掉坏习惯，我们给出以下几点建议，供爸爸妈妈参考。

利用日常家务事，来引导孩子积极参与劳动

热爱劳动的好习惯要从小养成。所以，孩子应该从小就得到基本的劳动锻炼，这样，他们才会懂得劳动果实来之不易。可以分配给孩子们力所能及的家务来做，比如收拾自己的房间，就是最好的锻炼方式。

和祖辈一起忆苦思甜

祖辈可以为孩子讲述以前的老故事，让孩子在听故事的同时，领悟到幸福生活来之不易，只有好好珍惜，才是正确的态度。并且，讲故事的形式更容易引起孩子的兴趣，消除孩子的抵触心理，教育效果也是很明显的。

与贫困山区的孩子进行比较

生活在城市里的孩子不知道在这个世界上，还有一群小朋友生活在贫穷的山区。我们可以让孩子通过电视媒体，去了解贫困山区孩子们的生活状况。

然后，让孩子自己和电视里的小朋友作对比，有所感悟之后，孩子会倍加珍惜自己现有的生活条件，对身边的物品产生爱惜之心。

爱惜，从自己的玩具开始

当我们又为孩子添置新玩具时，要及时地告诉孩子：好好爱惜玩具，不能随心所欲"摔打"。教会孩子怎样保管玩具，并时刻监督孩子的行为。

我们就是孩子的学习榜样

在日常生活中，我们就是孩子学习模仿的榜样。我们自己要做到节约水电、粮食，爱护公共财物等等。只有自己做到了，我们才能要求孩子去达到目标。

不要无限满足孩子提出的要求

孩子要什么，我们就买什么，这样轻易去满足孩子的需求会让他们觉得失去了也没关系，因此就不珍惜劳动成果。对于孩子提出的要求，我们可以进行适当教育之后再满足他，这样，孩子在挥霍物品时，多少会有些顾虑。

一个懂得珍惜劳动成果的孩子，才是一个真正心疼父母、通晓事理的孩子。我们在用物质来表达对孩子的关心时，一定要把握好尺度，不要让溺爱娇惯了我们的孩子。珍惜劳动成果这一好习惯，我们要让孩子从小做起，从珍惜一粒米做起。

做个"爱心·小·天使"

在我们的家庭教育中往往忽视了对生命的敬畏、对爱心的培育。我们在与孩子沟通时，对"爱"这个话题说得不够，甚至很少提及，以至于让他们缺少了对爱的理解，对社会及他人少了一种付出的品质。

教育要建立在爱的情感之上，只有让孩子感受到我们的爱，才会对他们产生影响。我们要抓住教育的时机用正确的观点与做法教育孩子。孩子面对的并不是一个"世外桃源"，而是一个令人不安的世界，这个世界里可能充斥着暴力、毒品、残忍或是不公正。

这些都有可能对我们的孩子产生不良影响，导致他们缺乏爱心，从而变得冷酷无情。而这些负面的影响最终会让我们的孩子变得麻木不仁，对这个世界失去信心，就更谈不上拥有爱心了。

爸爸妈妈们都希望自己拥有一个"爱心宝宝"，所以不要忽视对孩子的爱心培养。下面就是一则真实的新闻报道，希望能引起家长们的警醒。

2004 年，北京某知名大学一名四年级的男生半夜从宿舍楼的 12 层跳下，了结了自己年轻的生命。这个同学眼中的优秀者，今年还获得了学校的二等奖学金，可他为何会走上不归之路呢？

据同学猜测，他自杀的原因可能是因为快毕业了，找工作的压力大；也可能是因为父母反对他交了个外地的女友……不管原因如何，选择这样一种方式告别人世都是不应该的。他在冷漠面对这个社会的时候，也残忍地结束了自己的人生，他并没有做到好好爱自己。

据相关人员在一所中学里进行的调查显示：在一定的年龄段，竟有80%至90%的孩子曾有过出走或自杀的念头。此项调查结果足以令家长们不寒而栗。我们都要在心中敲响一记警钟：在加强心理健康教育的同时，还应该从小对孩子进行爱心教育。

在我们看来，今天的孩子是幸福的，特别是20世纪80年代后的孩子们，多是独生子女，无论是生活条件还是智力开发都和过去的孩子有着天壤之别，社会、学校和家长都投入了大量的心血。可是耳闻目睹的许多事情常常令我们很惊讶，记得一位母亲哭诉道：

"我买了18只大虾，孩子一口气吃了17个，剩下1个我想尝尝味道，吃掉了，孩子居然大哭起来，质问我：'你明明知道我爱吃，为什么不给我留着？'"

在电影院观看美国大片《拯救大兵瑞恩》时，当电影演到一些受了伤的、奄奄一息的士兵的场面时，观看电影的成年人都觉得心里很难过，甚至觉得那些场面惨不忍睹，而坐在前排的几个十一二岁的孩子却哈哈大笑，引得电影院里面好多人侧目而视。确实让人难以想象，看着别人的死亡，这些孩子却感到开心。

在如今的青少年中，行为卑鄙和为人刻薄的有很多，孩子的残忍行为呈明显上升的趋势。残忍与刻薄会造成无法磨灭的人格缺陷，降低孩子的道德底线，而能够制止这些恶习蔓延的措施只有"爱心教育"了。

可是爸爸妈妈们毫不在意爱心的重要性，只对孩子进行智力投资忘了对孩子进行爱的教育、进行责任心的教育，似乎孩子们只有学习，别的什么都不需要了。看看缺乏爱心的孩子都有哪些不好的言行举止吧！

◎不知道什么是爱，对爱充满了无知。

◎不知道怎样表达爱，甚至拒绝表达。

◎不知道爱父母，眼中只有自己的身影。

◎不会爱他人，始终以冷漠的态度面对周围的人和事。

◎不懂得尊重生命，更谈不上热爱生活了。

◎不屑爱这个社会，对社会充满敌意与报复心理。

◎不知道为别人付出，只知道向别人索取。

◎不去考虑和体谅他人的需要，认为自己的需求才最重要。

◎不懂得对生命要有所感恩，不知道谢谢父母养育了自己。

◎不知道自己应该为他人做什么，只觉得别人对自己不够好。

◎不去了解他人的需要、家庭的需要和社会的需要。

◎不懂得帮助别人、欣赏别人，不会表达自己对他人的爱。

只有爱的教育才可以让我们的孩子察觉别人的困难，并唤醒他们的良知与感情。孩子们才会变得宽容而富有同情心，才能理解别人的需要，才会伸出双手去帮助那些受到伤害和需要帮助的人。一个不会爱的孩子是可怕的，他的感情生活也将一片空白。

有些老师也深深感到孩子们缺乏爱心的危机。老师们从早到晚全身心辅导学生，辛苦与劳累是可想而知的，老师认为教育孩子是他们的天职，他们牺牲了午休时间，甚至天黑了还在办公室辅导学生，但孩子们却不知感恩，甚至连句谢谢都很难听到。

一位老师曾经颇为无奈地说过这样一件事："我从教三年来，一直随学生包车来来往往，都是我给学生让座，偶尔遇到一两个学生给我让座，就让我激动不已。我们的教育对象都是独生子女，从小娇生惯养，都是人家对他们献爱心，他们哪里知道关爱别人。"

因此，我们培养孩子的时候，首先要教会孩子的是"爱"。让孩子做到爱自己的亲人、爱老师、爱他人、爱集体、爱国家。这种爱心教育迫在眉睫，否则我们就将生活在没有爱心的世界里，这对孩子们来说也是一件很糟糕的事。

现在有许多孩子从小就受到父母、家人、社会的过度关爱，使得孩子们受不了半点儿委屈和打击，遇到一丁点儿不开心就非要闹个天翻地覆。

一些孩子为了一点小事就大打出手，几句话理论不过家人，就离家出走，有的孩子甚至为了达到自己玩乐的目的，毒害亲生父母等等。

这一系列恐怖而不可思议的事件竟然就发生在我们最疼爱的孩子身上。现在，我们正面对着缺乏爱心、缺少挫折教育、没有经历过苦难的一代人。这些孩子不会理解父母对其成长的含辛茹苦，更谈不上他们对"爱"的理解到底有多少了。

无论在什么地方，都会有一些偏执的学生存在，都会出现让人无法控制的局面，都会有极端的行为发生。看来对孩子进行爱心教育还是有必要的。

孩子们缺乏爱心的原因主要有两个：

◎现在的孩子们受到了许多信息的冲击，这些信息里充斥着负面的内容，将孩子们的世界变得冷酷、残忍和自私。

◎表现正面的、充满关爱的故事、影片在孩子们的生活中被淡化了。

我们必须有意识地努力通过使用有效的、培养孩子爱心的方法来取代负面的信息影响。请教会我们的孩子爱与仁慈，让孩子们在遇到冷酷与残忍的事情时，能有正确的判断与行为。那么，怎样才能培养孩子的爱心呢？

◎用父母之爱让孩子亲身体会到爱心的温暖与力量。

◎爸爸妈妈要以身作则，对待自己的长辈及家里的老人都要真诚、有爱心。

◎可以让孩子阅读其他小朋友有爱心的经典故事，从而启发孩子的爱心意识。

◎闲暇时光，可以陪同孩子一起为社区中的流浪小动物修筑小屋。

◎让孩子明白，只有付出爱心才能得到等量的爱。没有爱的付出，就不可能收获别人对自己的爱。

"享受溺爱" 不可取

现在的孩子任性、泼辣，活像一个个"小恶魔"。凡事都要爸爸妈妈依着自己，若不依自己，他就要闹个"底朝天"。

我们都知道，什么事都依着孩子，这是溺爱。可是，若我们在最初就以错误的溺爱方式对待孩子，孩子习惯生长于这种环境中，久而久之，一旦父母不再溺爱孩子，让任性的他们接受正常的家庭教育，就像"戒掉"溺爱一般痛苦不堪。

父母疼爱孩子，孩子依恋父母，这是人类的天性。但是，孩子对父母过度依恋，只会造成他自身无法独立。

有的家庭，爷爷奶奶每天跟在孩子后面转圈圈，身上挂着水杯、球鞋，兜里揣着零钱与糖豆。这俨然已经不是爷爷奶奶的形象，更像是保姆。

这样，孩子看似生活得滋润舒服，其实已经在不知不觉中丧失了生活自理的能力。倘若爷爷奶奶不在身边，那这些"无能"的孩子又该何去何从呢？

一些有远见的家长，会在孩子很小的时候，就开始有意识地培养他们独立生存与发展的能力；而没有远见的父母，会把孩子紧紧地禁锢在自己为孩子创造的"无菌室"里。试想，一旦这个"堡垒"崩塌，孩子们会怎样呢？

在生活中，我们会不止一次碰到这样的情景：儿子长得比妈妈还高了，却像个不懂事的小孩一样，为了满足自己的意愿，和妈妈哭闹不休，惹得路人侧目而视。下面这个新闻故事，希望能引起父母们的警醒。

某大学的一位应届毕业生，只因跟堂弟玩电脑时发生了一点争执，他容忍不了堂弟说他"笨"，便挥刀将堂弟和堂弟的母亲一起杀死。

事后法官问他为什么会为了这样一句话，连堂弟的母亲都不放过，他却说："堂弟骂我'笨，连电脑都不会玩'时，他妈妈在旁边看着直乐，我当时只想把他们都杀了，就没有人再敢嘲笑我了。"

塑造什么样的孩子，主动权在父母手中。我们确实应该反思一下现在的父母都怎么了。我们对孩子过多的关注和保护就是溺爱，溺爱剥夺了儿童的独立性。我们总是想时时刻刻保护孩子，结果，孩子长大后，根本就没有应付各种生活问题的能力。

父母关爱子女，不让子女受到伤害，是人之常情。但是溺爱却剥夺了孩子们学习的机会。孩子不但需要有爱心的父母，更需要懂得正确教育他们的父母。那么，如果孩子养成了享受溺爱的习惯，对以后会有哪些不良影响呢？

影响孩子的社会性

父母对孩子过度的保护，其实是将年幼的孩子过早孤立了起来，使孩子失去了最初学习人际交往的机会。在孩子的世界里只有父母，而没有任何集体观念。

如此发展，孩子失去的将不仅仅是友情，更重要的是与人和谐相处的能力。孩子不知道如何与人交往，就会被社会和集体排除在外。

压制孩子的求知欲和学习动机

受到过分保护或限制的孩子，他的父母已经从各个方面满足了他的需要，这样便抑制了孩子的动力，大大降低了他对外界事物的兴趣与好奇心，并削弱了孩子探索外界事物的主动性、积极性和意志力。

影响儿童的智力发展

过度保护实际上是限制了孩子的心智发展，孩子在父母的保护下很少有机会去探索。由于孩子自己不用动脑、动手，在他进入社会后会变得软弱和懒惰，如此致命的人格缺陷，会让孩子在社会竞争中惨遭淘汰。

在分析完孩子幼年的成长后，我们可以看看社会上现存的问题。比较突出的是父母陪读、陪考、陪找工作这一系列现象。

可怜天下父母心啊！每当高考来临，炎炎烈日下是父母们殷切期盼的眼神。开考铃声响起，等待的时间漫长，天气炎热，爸爸妈妈们就在马路边蹲着、站着，让人看了一阵心痛。

好不容易孩子考进大学，开学时期，各个高校门口又挤满了父母的身影。白天安顿好孩子，晚上如果没有足够的寝室提供给父母们休息，他们就会选择睡在操场或宿舍楼下，守着孩子过上几夜。

现在，更为严重的情况又出现了，孩子毕业后，已经完全有能力独立生活，但是父母还是要陪着去参加招聘会，帮孩子拿主意。在感叹"可怜天下父母心"之余，我们也不得不深思，难道现在的孩子什么都需要父母"关心"吗？

父母用心良苦，就是担心孩子没经验，怕孩子受挫折。我们已经非常清楚地知道孩子独立性差的种种弊端，但就是不能采取行动避免这一现象的发生。

合格的父母应该学会让孩子自己去解决问题、自己作决定，即使他们有时会做错，对他们的未来也会大有好处。不要让溺爱像温室一样包裹着孩子的一切，虽然孩子现在很享受这种爱，可是一旦形成坏习惯，父母不在身边时，孩子们要怎么生存呢？

别让孩子变成"小霸王"

从孩子降生的那一天起，爸爸妈妈就将无私的爱化为"蜜汁"，让自己心爱的宝贝沉浸其中。但过分的"甜蜜"只能引发孩子内心的"变质"。

任性的习惯已经成为当代少年儿童不良习惯之一。孩子们放任自己的性情，做事情的时候往往对自己不加约束，想怎样就怎样，爱做什么就做什么，不分是非且固执己见，明明知道自己不对还要继续做下去。

孩子们学会用哭闹与眼泪来威胁自己的父母，或许爸爸妈妈会心软，一切听从了孩子的安排。可是，当孩子独立涉足社会的时候，谁又会对他心软呢？如此四处碰壁，总有一天，他们会为自己的任性付出惨痛的代价。

目前我们的家庭教育中"过分关爱"这一倾向是很令人担忧的。现在的孩子只知索取，不知付出；只知爱己，不知爱人，这是一种通病，也是一种普遍现象。所以，教子做人，首先要把握好爱的尺度，不溺爱孩子。

近年来，独生子女家庭不断增多。许多父母溺爱孩子，过多满足孩子的一切物质要求。这种以孩子为中心、无原则地给予的爱，反而害了孩子，让一个个本该天真无邪的孩子变得凡事都以自我为中心，缺乏社会责任感，粗暴且不尊重人。

正是我们的"极度关爱""过分宠爱""无限纵容"助长了孩子的自私，使孩子心中只有自己，没有别人。不少家长认为，如今条件好多了，孩子又是"独根独苗"，因此，无论如何不能让孩子吃苦受累，这是极不正确的观点。

我们把孩子的生活道路铺得如此平坦，似乎这样就能让孩子一生无阻。但事实上，这种错误的幸福观才是孩子最终的"灾难"。无私奉献的爱固然是伟大的，但是只懂辛勤耕耘而不问收获的父母之爱却是不明智的。

所以，我们要提醒父母：小心！无私的爱与溺爱，两者之间离得并不是太远。溺爱是父母与孩子关系上最可悲的事情，爱多爱少，爸爸妈妈们很难界定。溺爱只能导致孩子的自私与无情！这是不可否认的事实。

溺爱并不是爱孩子，而是把孩子往火坑里推。造成这个悲剧的原因是孩子的父母没有把握好疼爱孩子的尺度，一味地慷慨给予，放任年幼的孩子随意行事，超过限度的关爱让孩子丧失了辨别是非的能力。

而且，被溺爱的孩子往往以自我为中心，凡事只想到自己，从不为别人考虑。父母的溺爱使孩子们只知道享受别人的爱，最终成了冷酷、无情，甚至伤害别人的"坏孩子"。

其实，父母爱孩子，可以用慈爱来取代溺爱，这样会对孩子的成长更有好处。当孩子做错事时，父母要用温和的态度讲明是非与道理，纠正孩子的错误，最后不要忘记补充一句安慰的话语，使孩子感到爸爸妈妈的爱仍然存在。

其实，孩子任性是由多种原因引起的，有的孩子任性是为了满足某种物质的要求；有的孩子任性是想得到别人的认可；有的孩子任性是因家长的教育方法不当。

那么，如何防止和纠正孩子的任性行为呢？家长根据孩子的不同情况，可以采取以下几种方法：

不要"硬碰硬"，试着分散孩子的注意力

在孩子任性时，我们要想办法转移他的注意力。不要和孩子"硬碰硬"，谁也不让着谁。当然，父母的忍让是有限度的，过度忍让又会变化成溺爱。所以，我们要很好地把握住这个尺度。

让孩子学会冷静处理

我们和孩子都要时刻保持冷静。如果说孩子的哭闹解决不了问题，那么我们的暴力也是解决不了任何问题的。我们可以冷静分析一下，孩子的要求是不是合理，合理的应予承认，并尽可能给予满足；不合理的要求，我们千万不能迁就姑息。

其实，许多孩子因为愿望得不到满足而哭闹不休。遇到这样的孩子，我们可以采取不理睬的态度。哭累了，孩子自然会停止。等孩子完全冷静下来后，我们再告诉他之所以不去满足他的愿望，是因为他的要求不够合理。

正确的对比让孩子看清自己的错误所在

任性的孩子好胜、自尊心强，可使用对比诱导法，用他所了解的英雄

伟人的事迹与其行为对比，让其好胜心和自尊心得到激发，使他从另一个角度去认识问题，主动改变任性的行为。

父母是孩子生活中最直接的模仿对象

纠正家长自身存在的问题。家长要注意检查一下自己在日常生活中是不是也任性。家长的任性往往会影响孩子，使孩子在潜移默化的过程中也学会了任性。

此外，切忌以家长的任性来对待孩子的任性。这样做，孩子的任性非但不会减轻，反而会加重，因为家长实际上起着"示教"与"榜样"的作用。因此，在这样的家庭中，只有先纠正家长的任性，孩子的任性才能解决。

开阔孩子的眼界

家长要想办法使孩子扩大视野、增长见识。孩子知识多了，就会改变过去一些错误的做法。

暴跳如雷的孩子最可怕

孩子的脾气，各有不同，大多数孩子的脾气是后天形成的。他们有的温顺乖巧，有的暴躁易怒，有的不经常暴露出自己的脾气，有的发脾气是家常便饭，而在这些孩子中，乱发脾气的孩子又占了主流趋势。

从心理学角度来看，乱发脾气是儿童意志薄弱、缺乏自控能力的表现。这样的孩子做事只随自己的性子来，从不考虑后果。想要怎样，就要怎样，稍不如意就马上开始大哭大闹，向家人宣泄自己的不满情绪。

造成孩子好发脾气的原因有很多，溺爱是重要原因之一。如果父母对孩子有求必应，就会使孩子脾气越来越暴躁，最终形成恶性循环。假如父母对孩子的合理要求也是拒绝，使他的欲望总是得不到满足，也会使孩子变得脾气暴躁，这真是让父母们左右为难啊。

老郭夫妇最近被儿子的坏脾气折磨得头疼死了。儿子刚刚 6 岁，脾气却暴躁得厉害，稍不如意就大发雷霆、大喊大叫。即使是跟他讲道理，他也听不进去，如果父母不按照他说的去做，他就一直吵闹、哭喊，甚至在地上打滚，手里有什么东西就会顺手扔出去。

为此，老郭夫妇想尽了办法：他们打他、苦口婆心地教诲、罚他站墙角、赶他早点上床、责骂呵斥他……这些都不管用，一有事情儿子还是会大发雷霆，暴躁脾气依然如故。

一天晚上，一家人正在看电视，儿子突然想起来要吃糖果。已经很晚了，商店都关了门，夫妇俩试图跟儿子解释，劝说他明天再吃。然而，儿子可怕的脾气又上来了，他躺在地上大声叫喊，用头撞地，用手到处乱抓。用脚踹所有够得着的东西，哭天喊地，闹腾得厉害。

儿子已经叫喊半天了，他奇怪地发现，居然没有人理他。于是，他又重新按他刚才的"表演"闹了一番。这次老郭夫妇知道怎么做了，他们坐了下来，静静看着儿子，没有任何语言和动作。

儿子似乎上了瘾，又开始了第三次"表演"，然而爸爸妈妈还是没有任何表示。最后，儿子似乎闹腾累了直接回房间睡觉去了，这件事总算就此平息。

从那天起，儿子知道哭闹无济于事，渐渐改掉了暴躁的脾气。因为他发现，暴躁与发泄并不能解决眼前的事情。

所以，我们不要因为孩子开始哭闹就手足无措，我们应尽量满足其合理的要求；对不合理的要求，要耐心地说服并采用一些方法。只有父母才能帮孩子改掉乱发脾气的坏习惯。要让孩子心平气和地生活，改掉好发脾气的坏习惯，父母可以采取以下的方法：

找出孩子发脾气的真正原因

孩子发脾气，一定有他的原因，我们要弄清是非，分出青红皂白。看看是孩子自我情绪调节能力低，还是缺乏自我控制能力，又或是表达能力差。分析出原因，我们才能对症下药，帮孩子纠正坏习惯。

爸爸和妈妈要站在统一"战线"上

当孩子发脾气时，爸爸和妈妈是袒护他还是教导他？倘若袒护，就会使孩子尝到甜头，这实际上是一种负强化，孩子就会闹得更凶。正确做法是我们应该让孩子懂得并记住一个道理：吵闹发脾气是没有用的。而且不能爸爸批评后，妈妈又去哄。

与孩子沟通，让暴躁消失

我们可以多方了解别的小朋友在玩什么、想什么、要求什么等，当孩子提出自己的要求时，我们就比较能体会孩子的心情了，再加以开导和耐心的说明，是能够消除或减轻孩子的发怒情绪的。

千万不要以暴制暴

这种感情用事的方法，绝对改变不了孩子好发脾气的习惯。有的母亲认为孩子爱发脾气拗不过他，就把孩子推给父亲管教。而父亲有时会用粗暴的方式来对待孩子，这样以暴制暴，只能让孩子觉得乱发脾气是很正常的事情。

把孩子从"牛角尖"里拉出来

要让孩子从小就学会多角度解决问题。避免孩子解决问题时过于极端，我们要正确引导孩子分散注意力。当孩子面对困难和问题的处理方法变灵活后，他发脾气的坏习惯也会逐渐改掉的。

孩子也会有暴力倾向吗

现在的孩子，不知道为什么都有很强的攻击性，男孩子喜欢一群群凑在一起打架；女孩子喜欢在冷不防的时候，抓伤同伴。尤其是过年，亲戚邻居家的孩子们一凑在一起，哭闹声与告状声就接连不断。为此，父母们真是无奈又着急。

根据相关调查，具有攻击性行为的孩子，从性别来看，男多于女；从独生与非独生来看，独生子女多于非独生子女；从年龄来看，年龄小的居多。孩子们这时的攻击行为往往是无意识的，但随着年龄的增加，这种行为会愈演愈烈。

其实，很多幼儿有行为攻击的倾向，而多数父母认为这是孩子间的小打小闹，并没有加以重视。但是，专家认为：攻击性行为形成的关键期是婴幼儿阶段，一般男孩的攻击性比女孩突出，如果任其发展到成年，这种行为就可能转化为犯罪行为。

小兵长得人高马大、虎背熊腰，坐在教室的最后一排。尽管如此，他还不安分，平时调皮捣蛋，总喜欢惹别人。每次小兵的爸爸妈妈去学校接他的时候，总免不了听到孩子们告状的声音，这些声音真是让小兵的父母头疼不已。

而对于小兵这个好攻击他人的恶习，父母也是无计可施，只会回家狠狠批评。有时，爸爸实在生气时就会打他。可是，种种方法都不奏效。最后，小兵也被打皮了，根本不怕爸爸妈妈生气了。

有一天，小兵对爷爷说："妈妈不讲理，常欺负我，却要我别欺负小朋友。我只是想和他们好，又不是要欺负他们。"听到这句话后，小兵的父母开始反省自己一贯的教育方法，觉得应该和小兵多沟通沟通，而不能开口就骂、动手就打了。

很多时候，有的孩子只是想和其他小朋友做朋友，但是方法不对，或表达方式不当，就会伤害到其他的小朋友。所以，掌握好分寸对于孩子来说是很重要的。我们要告诉孩子，和其他的小朋友表示友好，只要动嘴就好，不要动手。

小勇已经渐渐长大了，但是他争强好胜，无论游戏还是比赛，他都要赢过别人，不准别人超过他，这其实是一种自私的表现。

有天下棋，整整一下午，小勇没有赢过对方一局。终于，周围的小伙伴开始笑他了。这可激怒了他，小勇站起身就踢翻了棋盘，还动手打了几个笑他的孩子。

回到家里，小勇渐渐冷静下来，有些后悔。因为，被他打的那几个孩子，也是他最好的小伙伴。妈妈开口说话了："你动手打别人就能证明棋下得比他好吗？"小勇摇了摇头。他坦白说，他只是受不了好朋友嘲笑他。

妈妈这时抓住了教育小勇的时机，她说："在别人失败的时候嘲笑别人肯定是不对的，可是我们对于朋友要宽容。"最后妈妈鼓励小勇接受自己的失败，好好学习下棋，以后有机会还可以找好朋友切磋棋艺。

没过几天，小勇就和那几个小朋友和好了。大家仍然一块儿下棋，有输有赢，但是再也没有发生冲突。孩子就是这样通过一件件小事长大的。看来我们还是要找找他们打闹的原因，才能根本地解决问题。

其实，孩子只有在感到不开心或感到挫折时，才会去攻击其他的孩子。他们有的是出于自我保护，有的是宣泄内心的不满，而不是单纯喜欢打人。我们要认真分析孩子的内心世界，多与孩子沟通。

当然，还要尽量避免孩子受到不公平的待遇，不要让孩子安全受到威胁，这些都会激发孩子去攻击他人。帮助孩子纠正喜欢打人的坏习惯，我们可以采用以下几种方法：

把好情绪与坏情绪造成的后果进行强烈对比

当我们的孩子不再去攻击他人时，我们要给予肯定和表扬，让孩子体验到愉快；当孩子乱打人时，我们要告诉他这是错误的，并且让他知道，爸爸妈妈因为他的这种行为而感到非常不高兴。这两种情绪的强烈对比，可以让孩子亲身体会到哪种情绪更能让他感到愉悦。

行为塑造，循序渐进

以循序渐进的要求来使孩子克服不好的攻击性行为，产生家长所希望的行为。比如孩子在输掉游戏以后耍赖、打人，我们要引导孩子做到不耍赖，然后让他做到对同伴友善。当孩子的情况慢慢有所改善的时候，我们要激励孩子保持下去。

奖励也是最好的动力

其实，孩子在完成自己认为值得表扬的事情后，都渴望得到爸爸妈妈的奖励。我们可以手工制作一些小红花或小玩具，当孩子做好一件事情的时候，我们就发给他，这种激励的方法十分有效。

孩子为了得到自己想要的东西，就会一直保持良好的习惯，尽量不去犯错误，久而久之，就养成了良好的行为习惯。

坚决抵制粗暴教育

控制孩子的攻击性行为，必须避免严惩重罚。因为即使孩子表面顺从，内心的不满总要发泄出来。只要孩子不去伤害他人和自己，我们就应该允许他发泄。也许有人以为，如果附加体罚，可使攻击性行为减少，实际上，这往往会使攻击性行为增加，而不是使攻击性行为减少。

中华美德：尊敬老人

尊敬老人是中华民族的传统美德，我们应该让这种美德一代一代传承下去。一个孩子能否尊重老人，也反映了这个孩子的家庭教育是否成功到位。

在日常生活中，我们经常可以看到：有的孩子，看见老人过马路会主动过去搀扶；看见老人乘坐公交车，会主动让出自己的座位。而有一些调皮捣蛋的孩子却做得不尽人意：看见老人过马路，非但不去帮助，还会横冲直撞地走到老人前面去；看见公交上的老人，不是视而不见就是去抢老人的座位。这是在陌生环境中发生的截然不同的两种情况。

更多的孩子喜欢勒令自己的爷爷奶奶做这做那，当佣人使唤，对长辈毫无感激与尊敬之意。出现这种差别的原因就在于有些父母对孩子的教育不到位。让我们来听听这位父亲的讲述吧：

刘先生是我的朋友，他经常带着儿子肖强到我家串门儿，我儿子小峰和肖强年龄一般大，两人也因此成了好伙伴。刘先生说，他很喜欢我儿子小峰，并且提出要小峰做他的干儿子。

一天傍晚，刘先生再次来我家做客。不巧的是，儿子当时正在对他爷爷发脾气。起因是爷爷说他吃饭掉米粒，儿子就闹腾开了，拒绝再吃饭。这本是件小事，可是爷爷却被小孙子弄得十分尴尬，全家老小反而开始责难爷爷，说他不该在小峰吃饭时说他的不是。

爷爷为了平息这场风波，答应了小孙子的要求，即付给小峰 10 元大钞，还要爷爷背着自己在地上玩"骑大马"。

刘先生就是在这个时候进门的，他目睹一切，一脸愕然，却欲言又止。

爷爷终于完成了小孙子交给的任务，全家人才随之松了口气。之后，刘先生来我家的次数明显少了，而且也不再像当初那样疼爱小峰了。

后来，我特意去刘先生家拜访。他的家里也有两位老人，我们在聊天时，两位老人从房间里走了出来，刘先生和他的妻子、儿子立刻站起来问好。我与两位老人聊天时，其他人没有一个插嘴的。

再后来，我发现刘先生想吸烟的时候总会走出家门，在户外的走廊上吸。

原来，在刘先生的家里，一直有非常严格的家规，孩子从小就要学习一些尊敬老人的相关礼节。听了刘先生的介绍，我才明白，他为什么很少到我家去，并且对小峰不再像以往那样疼爱了。

尊敬老人，不仅是一种美德，也是对亲人一种感恩的表现。我们身为父母，必须从小培养孩子尊敬老人的习惯，不要对孩子放纵溺爱。培养孩子好的习惯，就必须剔除他们的不良行为。我们总结出了以下几点，供家长朋友们参考：

尊敬老人，父母是榜样

我们首先要以身作则，做尊敬老人的好榜样。

因为在年幼的孩子眼里，父母的行为永远是对的，只要爸妈能做，自己就能做。所以，我们在与老人的相处中，要真正做到对他们关心照顾、体贴入微。只有对老人发自内心的尊敬，才能让孩子有所体会，并牢记心头。

如果您希望自己的孩子能养成尊敬老人的好习惯，您自己首先要具有这种习惯。

好习惯的培养，从生活中的点点滴滴做起

生活中的事情都是琐碎、繁杂的，但正是这些小事，才更容易培养孩子的习惯。我们既然有意培养孩子，那么就不该错过生活中任何一个微小的细节。只有长期培养并反复训练，日积月累，孩子的好习惯才会逐渐养成。

坏习惯，见一个就要改正一个

孩子在幼儿时期，心智尚处在发育阶段，所以难免会受情绪支配，比如易冲动、自制力差、容易出错等等，这些都是不良情绪的表现。

如果发现孩子有时因为老人不能满足他的要求，就对老人不尊敬、大呼小叫、责难老人，我们就要及时出面制止并纠正孩子的不良习惯。要培养孩子好习惯的养成，就必须让他先改掉坏习惯。

如果我们一再迁就容忍，只能招致孩子犯更多的错误，使孩子的坏习惯一发不可收拾。

多陪伴老人，才能增进感情

现在的孩子和老人的关系非常特殊：有的是敬而远之，有的是漠不关心，还有的是大呼小叫。造成这一现象的原因是孩子缺乏与老人的沟通交流，感情上存在明显的陌生感。

让孩子多与老人相处，从而缩短两代人的心理距离，感情有了，尊敬之情就会在孩子幼小的心灵里发芽、生长。当然，我们也应该在孩子的耳边叮嘱他：要尊敬老人、听从老人教导，努力做个老人心目中的好孩子。

谈话时的尊重方式

现在的孩子，总是长幼不分，说话没大没小，还喜欢插话并打断别人的陈述。只要我们留心观察就会发现很多孩子在大人们谈话时，能插话数十次。这个习惯确实不好。

这首先表现出了对别人的不尊重，其次也影响了自己对信息的接收。而且，家长被孩子打断的思路，有时候很难再找回来。而孩子爱插话往往是为了表现自己或引起他人的注意。孩子们一般表现为不去注意听大人讲的事，而是想方设法表现自己。

针对孩子性子急、不知道尊重人这一习惯特点，我们应该让孩子从学会倾听别人的谈话开始训练。我们要告诉孩子：在谈话时，别人想要表达什么观点，都要听明白，注意去听，一切疑惑都要等别人陈述完毕后再进行提问。

有些父母错误地认为孩子爱插话是机灵、聪明的表现，因而持欣赏鼓励态度。这种做法助长了孩子爱出风头的行为，影响了他注意力的集中。

长期下去情况会愈演愈烈，最终爸爸妈妈也开始讨厌孩子如此频繁插嘴的行为，因为这种情况严重影响了大人间的谈话。

小强是一个心直口快的学生，在班会上及与别人谈话时，总是抢先发言。当别人说话时。他常常在中间打断，迫不及待说出自己的想法。而且，他不是举手打断，而是直接坐在自己的位置上大声发表言论。

他对自己常常打断别人的讲话这一行为并没有丝毫悔意，反而觉得自己的话能给发言的同学以启发，自己的观点都是正确的，而且一定要说出来。不管这时别的同学是否在陈述个人的观点，他觉得都要为他"让路"。

一开始，多数同学不愿意去直接批评小强的这一做法，对他这种做法并没有过多介意。可时间一长，同学们对他就有看法了，有的甚至不愿意与他过多来往。他很纳闷，为什么大家会这样对待自己呢？

其实，小强同学勇于表达自己的观点，这没有错，问题就在于他总是随意打断别人的讲话，不愿意做个耐心的听众，这是对他人不尊重的表现。一个不知道尊重他人的孩子是不可能有朋友的。

所以，我们要纠正并彻底帮助孩子改掉乱插话的坏习惯。爸爸妈妈们可以采用下面的方法来教育孩子。

我们怎样做，孩子就怎样做

多数父母是急性子。很多时候，在孩子陈述事情时，我们首先就打断了孩子的陈述。自身没有做到耐心倾听这一点，我们就不是一个称职的倾听者。这样，孩子就会效仿我们的行为，以为插话是很正常的事情。

学会倾听是好的教养，是美德

学会倾听别人讲话，不随意打断别人讲话，是一种有教养、有风度的表现。只顾自己滔滔不绝，无视他人的存在，是一种不礼貌的行为。

要让孩子学会尊重他人，就要让他在听其他人讲话时，尽量保持安静，在别人陈述完毕后，再表达自己的看法。

在孩子第一次学会倾听时，我们就要表扬与赞赏

当孩子学会倾听时，我们一个小小的夸奖，就是孩子继续保持好习惯的动力。所以，请不要吝啬对孩子的表扬。时间长了，孩子就会养成尊重他人的好习惯。

文明用语，谨记心头

孩子总算咿咿呀呀地开始喊爸爸妈妈了，但是，随着孩子语言能力的增强，一些孩子不该说的脏话、粗话，也随之出现了。爸爸妈妈喜欢说这句话："孩子小，学什么都快，学骂人也最快。"而事实也果真如此。

有时，家里来了客人，逗逗孩子，孩子张口骂人，真是弄得客人和家人都十分难堪。其实，孩子年幼，还没有明确的是非观念，他们根本没弄懂那些脏话的真正含义。或许，在孩子看来，骂人与说脏话、粗话只是好玩、逗乐而已。为了引起周围人的注意，他们愿意用这种方式来表现自己。

孩子说脏话、粗话往往是因周围的环境及孩子善于模仿的特性和父母的疏忽共同作用的结果。

许多父母听见孩子说脏话、粗话，就气不打一处来，轻则要批评许久，重则就会给孩子一个耳光作为惩罚。但是，孩子们似乎对脏话、粗话"情有独钟"，而且有愈演愈烈之势。难道骂人也会上瘾吗？

面对孩子这种不好的做法，爸爸妈妈们该怎么办呢？

其实，要解决孩子说脏话、粗话的问题，就要查出孩子这么说的原因，然后再有针对性地给予指导。纠正孩子说脏话、粗话的习惯，我们可以采用下面的方法：

让孩子的语言环境纯净透明

我们在为孩子做好榜样的同时，也要注意孩子周围的生活环境，尽量不要让孩子从电视媒介上学会脏话、粗话。孩子从小伙伴那里也容易学到各种各样的脏话、粗话、不好的顺口溜等等。

我们要及时地站出来指正孩子的错误，并且要引导孩子玩文明、健康的游戏。如果发现孩子和小伙伴说脏话、粗话，更要给予纠正。

面对说脏话、粗话的孩子，我们的态度也很重要

如果孩子经常重复一些脏话、粗话，我们应该严肃地告诉孩子这些话不文明、不好听，爸爸妈妈和所有的人都不喜欢听。在我们批评孩子的时候，要注意用词文明，不可以在批评中也掺杂脏话、粗话，这会让孩子觉得：父母尚且如此，我为什么不能说呢？

找准问题所在，对症下药

我们要解决孩子爱说脏话、粗话这一问题，就应先了解孩子说脏话、粗话的原因，然后再有针对性地给予指导。

◎如果孩子说脏话、粗话是因为没有明确的是非观念，我们就要在日常生活中，抓住每一个能增强孩子判断是非能力的机会，加以利用，进而给其深刻而有力的教育。

◎如果孩子说脏话、粗话是因为发泄不满，我们就要随时教给孩子表达情绪的正确方式。可以在孩子安静时告诉他如何表达心中的不满，如告诉对方"你没道理""我想你不对"等，甚至生气不理对方也行，总之都比骂人更能解决问题。

◎如果孩子说脏话、粗话只是因为觉得新鲜好玩，故意说来取悦成人或表现自己，我们可以在孩子每次说脏话、粗话时，表示出不高兴或觉得无味，几次下来孩子就不再说脏话了。

有关爱才有回报

每个家庭都视孩子为掌上明珠。孩子在父母的百般宠爱下，个个变得像小皇帝、小公主，高傲孤僻，觉得所有人都应该关心自己，全世界只有自己是最重要的。这些骄横的孩子，从未考虑过他人的感受，也从未重视过他人的存在。

我们作为父母，有义务去教育孩子，让他们明白：在这个世界上，每个人都是平等存在的。希望别人关心自己，希望得到爱，自己首先要学会付出爱。一个懂得关心他人的人，才能得到更多的关照，才能获得更多的机会，取得更大的成功。

其实，关心他人也是一种很自然的行为与心理。每个孩子都应该拥有，不能缺失。我们只有在互相关爱与互相扶持中，才会有更幸福的生活。下面，我们选取了两个小故事，呈现给家长朋友们，希望您读完小故事后，已经知道应该怎样培养孩子关爱他人的习惯了。

这个故事发生在美丽的花都，一个男孩出外旅游，到达目的地后，才发现相机已经损坏了。当他望着美丽的风景而感到遗憾时，一位陌生女孩拿着即可拍相机从远处走了过来。

男孩说："姑娘，能帮我拍个照吗？我的照相机坏了。"女孩很爽快地为男孩拍了照，而且分文不取。

后来，男孩在回家的路上又遇到那个女孩。因为自行车出了故障，女孩正在路边修理。男孩毫不犹豫地替她将自行车修好，最后，女孩风趣地说："想不到我给你方便，也等于帮了自己。"没错，关爱他人就是关爱自己，也是为自己提供方便。

一个雨天，一位衣着十分普通的老妇人走进一家百货公司，多数柜台人员都不予理会，只有一位年轻人上前询问是否能为她做些什么。老妇人回答说只是在等雨停。没想到这位销售人员并没有转身离去，而是拿给她一张椅子。

雨停之后，这位老妇人向这位年轻人说了声谢谢，并向他要了一张名片。几个月之后，这家店主收到一封信，信中要求派这位年轻人前往苏格兰收取装潢一整座城堡的订单！这封信就是那位老妇人写的，而她正是美国钢铁大王卡内基的母亲。

看了上面两个小故事，我们就会发现：付出与所得是成正比的。如果我们将关爱他人作为一种习惯，那么我们将会收获更多的关爱。所以，我们作为父母，要从小培养孩子关爱他人的习惯。这样，孩子才可以收获更多来自他人的关爱。

我们帮助孩子培养关心他人的习惯，可以从以下几个方面做起：

◎让孩子知道，当他有关爱别人的行为时，爸爸妈妈会感到欣慰。

◎制定一个关爱他人的小目标，让孩子努力去达到。

◎让自己的孩子与其他小朋友一起分享他的玩具与美食。

◎可以通过让孩子自己照顾宠物或者种植花草树木来表达他的爱心。

◎要求孩子的同时，我们自己也要做得像样。

第五章

培养孩子的创造力和培育良知一个都不能少

阳光未来丛书

成功从培养孩子的好习惯开始

YANGGUANG WEILAI CONGSHU

CHENGGONG CONGPEIYANG HAIZI DE

HAOXIGUAN KAISHI

培养孩子学会观察认知美丽的世界

观察是孩子认知这个世界的重要途径之一，而观察力也是学习中不可缺少的必要因素之一。老师们经常教导孩子们要善于观察。当然，成绩相对优秀的孩子，也一定具有较强的观察力。

然而，很多孩子都没有这种好习惯，孩子们只是去看了，却没有去想。不知道把看到的事物加工成信息，走马观花般的浏览，并不叫观察。所以，在观察事物时，孩子们就不能真正理解事物的意义。

而只有用积极的心态去观察，用开放的眼光看世界，才能得到需要的东西。达尔文曾自我评价说："我既没有突出的理解力，也没有过人的心智。只是在察觉那些稍纵即逝的事物及对其进行精细观察的能力上，我可能在众人之上。"

有名的杜邦公司曾经有一位叫卜莱克的化学家，他的故事被人们广为流传。

杜邦公司化学家卜莱克博士做了一个化学实验。可是打开试管后，他并没有看到自己希望得到的东西，看来实验失败了。

但是，他并没有像其他人那样随手把试管丢掉，而是仔细地观察试管，觉得里面好像有一种东西，但又没有看到。他觉得很奇怪，就放在天平上称了称这个试管，结果发现它比同型号的试管要重些。

他更好奇了，又仔细地观察了之后，他发现了非常透明的特弗伦。这种物质日后为杜邦公司创造了巨大的财富。

其实，孩子在学习与生活中都离不开观察力。学习中的语文、数学、英语等等这些主要科目，很多都需要观察才能发现问题所在，而只有发现问题的孩子才能在学习成绩上有所突破。

日常生活中，孩子们也同样需要观察力。只有拥有了较强的观察力，才能在生活中学到知识，认知世界，全面掌握生活技能。而且，观察力较强的孩子一眼就能看出问题所在，而观察力较差的孩子却会轻易错过一些值得思考的问题。

那么，我们应该怎样帮助孩子培养善于观察的好习惯呢？

给孩子观察的方法与技巧

孩子在最初并不知道正确观察的方法与技巧，如果爸爸妈妈不加以引导，很可能让孩子养成不好的习惯。所以，在孩子的坏习惯形成以前，我们就要教给他们正确的方法与技巧，我们要让孩子善于观察，习惯于观察。

让孩子学会主动观察身边的事物

我们平时与孩子接触时，要教会孩子观察周围的事物，带孩子外出游玩，应该分配给孩子观察的任务，回来后可以让孩子回答父母提出的问题。这种有目的的郊游，更能让孩子开阔眼界。

将孩子的观察与想象紧密相连

单纯的细心观察只是教育的目的之一，更重要的是让孩子把看到的事物与自己的想象联系在一起。这样，才能让孩子展开想象的翅膀。

为孩子创造最好的观察机会

孩子的生活中除了学习，应该还有其他的事情可做，比如观察身边的花草树木。我们要为孩子安排出合理的休息时间，以供他们细心观察自己的生活环境。这对于促进孩子的智力发展，提高他们的学习效率，具有重要作用。

孩子的创造力原来如此神奇

创造力是孩子智慧的源泉，也是孩子将来有卓越发展的基础。创造力可以使孩子变得更加聪颖。作为父母，我们要了解什么才是创造力，发现孩子有突出的表现，一定要鼓励和支持。有创造力的孩子表现出的特点是：

1. 点子多，问题多，常常是打破沙锅问到底，而且不会轻易满足于简单的答案。

2. 回答问题时有自己的看法与支持的观点。

3. 常常是不按牌理出牌，不按游戏规则来做。

4. 喜欢为事物想新奇用法。

5. 好奇心强、想象力丰富。

6. 充满幽默感且机智、聪明。

7. 喜欢做较难、具有挑战性的事。

8. 对有兴趣的事很专注，而且多才多艺。

许多爸妈都反映孩子创造力有限，做事循规蹈矩，针对一个事物只能看到一种用法，不会动脑子去想更多的用法，甚至不愿意去动脑子。

这其中的原因有很多，但主要的就是孩子阅读的书籍过少，没有打开自己的眼界，脑子中对各种新奇事物的兴趣还处于沉睡状态。

我们面对创造力突出的孩子要以赞美和肯定的态度去认同他的想法，鼓励孩子多探索，并且坚持不懈。要学会倾听孩子的表达，热衷于听他的想法，还要尊重他的意见及好奇心，这样才有助于孩子创造力的培养。

要激发孩子的创造能力，父母还要善用启发孩子创造力的方法，并在日常生活中实施。尽可能让孩子参与到家庭的事务中去，并尽量采用他的意见。

利用一些开放性的问题，来锻炼孩子的创新思维。提出一些突发性的问题，来锻炼孩子的反应能力。

鼓励孩子尝试各种新经验，让孩子有安静的地方，自由自在地去做自己喜欢的事情。当孩子有成绩时，一定要将他的成果与全家人分享。

下面我们提供七种激发孩子创造力的方法，这些方法可以培养孩子主动创造新事物的好习惯。

示例直观模型

比如打算让儿童雕塑鸭子，就领他参观海洋游乐中心的鸭子展览或者博物馆的鸭子雕塑馆等等。

为儿童的想象力加油鼓掌，培养他们用独特的方法观察问题

陪孩子多做一些塑形游戏，比如在家里捏黏土团儿或者面团儿给儿童看，让儿童照此做成各种形状，随后晾干，涂上颜色；听音乐时，爸爸妈妈不加讲解，让儿童随着音乐起舞或者讲出故事。

要常向儿童发问

多提"结果怎么样""然后又怎么样"等等问题，这样，儿童自然会对所提出的问题有新的想法和思考，创造力往往就是在这一瞬间产生的。

采用创造性解答问题的方式讲授科学知识

可以和孩子讨论一些生活中不可能发生的问题，提出假设性的问题让孩子做出想象性的解答。不妨一起商量在失重的房间里我们要怎样生活等等。

让儿童集中精力做事情

精力越集中，创造力就越强，可以让孩子多做些手工，例如折纸、编织活儿等等。

利用周围环境诱发儿童的好奇心

例如有时可以让儿童看一看，是否电视机出了故障？插头是否插好？录像带是否插入？是否与电视机连接好？家里的人穿的衣服是用什么工具和材料做的？

向儿童提出"假如发生紧急情况该怎么办"等问题

例如"猫掉到井里怎么办""万一吃下橡皮泥怎么办""突然发生地震怎么办"等等，别忘了，对孩子的回答父母要给予鼓励。

当然，以上方法是培养孩子在幼年时期的创造能力，当孩子步入校门时，我们除了采用以上的方法外，还应该针对孩子的学习方面来着重培养孩子的创造力，直到孩子将这一行为形成习惯。这对于孩子的学习是非常有帮助的。我们同样可以尝试如下方法：

◎为孩子创造良好的学习环境：为了使孩子能够充分发挥自己的想象空间，我们要为孩子提供轻松、愉快的气氛与环境。其实，良好的环境与氛围，就是要求我们要尊重孩子，珍惜孩子的独创性，鼓励孩子从不同的角度思考问题。

◎为孩子的学习提供创造性空间：在孩子的学习与生活中，我们要鼓励孩子举一反三，要允许孩子对知识有自己的理解，不能要求孩子一味遵从书本知识。要知道，创新并非来自课本，我们要给孩子想象与创造的空间。

教导孩子学会利用时间

现代社会，是一个高效率的社会。人人都抓紧时间，要求效率。可是我们的孩子却恰恰相反，写作业时不专心，并且左顾右盼，浪费了大把时间，却没有丝毫进展，学习效率自然不高。而时间就像海绵里的水，只要愿意挤，总能挤出一点点。

我们可以发现，合理利用时间是一个人成功的基本要素。只有有效地利用和管理时间，才能高效率学习。合理利用时间的习惯，是良好学习习惯的重要组成部分，它能帮助孩子把有限的时间合理地投入到无限的学习中去。举个例子来说：

以前，只要小华将功课都做完，无论看电视或者找同学们去玩，父母都不会过多地管他，当时认为这是劳逸结合的表现。但第二天要有考试时，前一天晚上复习得很好的功课，还是会在试卷上出现错误，为此父母会和小华谈话并教育他，但发现效果并不明显。

直到有一天，儿子拿回一张学校发的"学生作息时间表"，并郑重其事地对父母说，以后他的一切作息时间，都将会按照这张表来实行，并希望他们每天对自己进行监督，开始他们并没有太在意，只不过不时地提醒他一句："请你看一下作息时间表。"慢慢地他们发现儿子有了些明显的变化，每天晚上他会将闹钟拨好，而且还提早了15分钟，起床后将一切安排好后，他会将昨晚复习过的功课再看一遍，特别是今天要考核的功课，他会更认真地复习，虽然每天早晨只有短短的十五分钟时间，但每当问起他对今天的测验或者考试是否有信心时，他会大声地回答道："今天我一定会成功。"

从上面这个小例子，我们可以总结出这样一个道理：时间管理对提高办事的效率，尤其是提高学习效率，有着十分重要的意义，节省时间就意味着提高效率。相同的时间，能合理利用的人，就已经提前胜出了。

我们要让孩子在对时间的利用上形成良好的习惯，以此帮助孩子充分合理地利用时间，最大程度地实现生命的价值，父母可以从以下几个方面人手：

督导孩子制订合理的学习计划

首先，学习计划既要明确具体又要切合实际，以一个学期为整体，计划的内容应该包括本学期的目标和任务及学习时间上的安排和课余时间的分配。

学习计划的制订，一定要从孩子的实际出发，目标不要过高，能实现才是最重要的。在时间安排上也不要过于苛刻，因为太过紧密的时间安排，很可能会使孩子因一个失误而产生"链条反应"，计划如果执行不了，便成为一纸空文。如此一来，不仅对孩子的学习没有起到帮助作用，还会让孩子丧失信心，认为自己什么都做不好。所以，孩子在制订学习计划的时候，我们要在旁边予以指导和监督，和孩子一起制订出最合理的学习计划。

计划也可以随时调整

由于孩子的思维存在局限性，不可能把学习中的每个细节都考虑全面，所以，制订出的计划也不一定就是全面周到的。在执行过程中，一旦发现问题，就要及时进行修改与调整。学习计划并不是教条，只是为了提高孩子学习效率制订的一个书面步骤。

学习计划应该以适合具体的学习情况和自身实际为前提，应该为孩子服务，千万不要让孩子被计划硬性束缚，从而产生抗拒心理。

善于抓住学习的最佳时机

每个孩子每天的学习效率都是不同的：心情好的时候，孩子学习效率会特别高；而心情不好的时候，学习效率就会相对低下。这样计算下来，在一天当中，早晨和夜间学习效率高，下午和傍晚学习效率低。

当然这也不是一定的规律，会因为个体的差异而有所不同。所以，一旦学习的最佳时机出现，我们就要帮助孩子牢牢把握住。

让孩子学会自己挤出时间来

孩子的时间并非像我们想象的那样，全部用来学习，根本无法抽出空闲时间，其实，多少是可以挤出一些空余时间的。那么，怎样教会孩子利用空闲时间呢？

方法很多，比如：孩子在房间里游逛的时候，我们可以让孩子找一本书来读；外出游玩的时候也可以仔细观察，充分体验；与同学闲聊的时候和他们讨论一下学习上的问题等等。

其实，最关键的是要培养孩子珍惜时间的习惯与意识，让孩子自己学会合理分配时间，这才是我们教育的真正目的。

小笔头胜过脑袋瓜

现在的孩子学习的信息量非常大，有的孩子喜欢把课堂上的知识记在本子上，每天晚上温习；可是有的孩子，喜欢课堂上听完了就算了，不会去记下来多看几遍，这些孩子认为自己一定不会忘记，小脑袋要比烂笔头管用。

而事实是将过多的信息记录在本子上，是非常有助于记忆的。孩子用脑子去记忆，非常容易遗漏小的细节，不能做到全面记忆。如果能及时做好笔记，需要的时候翻一翻，这样能加深记忆，学习起来也更有效率。

说到勤于动笔，我们生活中就有许多这样的例子，比如有的孩子为了记忆英语，会在房间内贴上小纸片，每个纸片上都记录着一个新的单词。这样，孩子在房间的每个角落都能随时随地进行学习。

这样长期的坚持不仅能增加自己的知识量，也养成了随时动笔记录、善于动脑的好习惯。

有一位我们十分熟悉的作家，他的床单上、桌布上、家里雪白的墙壁上都密密麻麻地写满了让人似懂非懂的文字，其实，这些文字就是他产生的灵感片段。他将这些都记录下来，空闲时间进行创作。

我们在生活中的许多灵感都是稍纵即逝的，我们想要把握这个瞬间就要养成勤于动笔的习惯，用笔头记录下这个灵感。如果，我们单纯用大脑记忆，等我们想再次想起时，恐怕记忆已经是一片空白了。

小亮有一个习惯，就是勤于动笔。他兜里总是装个小本本或者卡片，里面记录着小亮觉得新鲜的事物和一些随笔。虽然语句简短，但却是小亮当时的真实感受。卡片上还摘抄了一些书籍里的优美语句。

即使看电视、读报，小亮都不会忘记把一些新奇的词句、事情摘录下来。现在小亮已经积攒了好几个笔记本，卡片也积攒了不少。这些来自卡片的灵感，就成了他习作中的材料来源。

可见，培养孩子勤于动笔的习惯，对孩子的学习、写作能力的提高，以及丰富生活阅历、积累经验都有极大的影响，我们要培养孩子勤于动笔的习惯，可以从以下几个方面做起：

一支笔，一个本，读书不离手

一支笔，可以做标记，把自己认为优美的语句与重点词汇标注出来；一个本子可以摘抄优美语句，把自己的读后感与文章片段记录下来。这样动手动脑的读书活动，非常有助于提高孩子的文学欣赏水平。

外出时，也要笔不离手

外出时，看到新鲜的事物，可以随时记录下来，哪怕记录的片段非常琐碎也没有关系，只要养成勤于动笔的习惯就可以了。这些记录下来的小片段，日后翻读起来也是非常有意义的。

养成写日记、记随笔的好习惯

要孩子养成勤于动笔的习惯，可以让孩子先从记录随笔开始，一步一步学会写日记，并将这一好习惯延续下来。时间长了之后，孩子就能很自觉地去记录身边发生的事情了。

保护眼睛，让心灵之窗更加明亮

孩子踏入校门的时期，既是长身体的时期，又是长知识的时期。少年儿童应该在紧张学习的同时照顾好自己的身体，讲究学习卫生，养成良好的学习卫生习惯。可是，许多孩子并没有做到这一点。不良的学习习惯，让父母非常担忧孩子的身体状况。

每天在学校门口路过，总能看见孩子们稚嫩的脸上，戴着一副厚厚的眼镜，镜片的厚重程度，超乎想象。怎么小小年纪，近视就这么严重了呢？长大之后，孩子们要怎么办呢？

现在，有一种很不好的现象存在，就是有的爸爸妈妈拿到孩子的成绩单时，只关心书本知识的分数，而不去关心孩子在健康、体育、品德等方面的成绩。许多学校每学期都会有定期体检，可是体检结果无人关心。更加令人担忧的是近两年来，近视的初发年龄越来越小。

到目前，近视、沙眼、贫血、蛔虫、牙病、肥胖被称为中小学"六病"，而近视就排在第一位。许多学校采取措施，增加日光灯的亮度和数量，但是收效甚微。看来，要让孩子的眼睛恢复到最初的明亮与可爱，在家中养成看电视、使用电脑的正确习惯才是关键。

可能许多爸爸妈妈会产生疑问，孩子每天学习的时间很长，看电视的时间很少，怎么会因为电视和电脑而导致近视呢？一项调查显示：每次寒暑假过后，孩子的视力总会明显下降，而假期中孩子们都会肆无忌惮地上网与看电视。这就是绝大多数孩子近视的真正原因。

所以，为了孩子的将来，为了孩子的"心灵之窗"能永远那么明亮，我们要及时纠正孩子错误的用眼习惯。下面，提供几个方法，供父母参考：

学习与放松，劳逸结合，相互搭配

每个孩子的耐力是有限的，自控能力也是有限的。长时间地学习会让孩子无法集中注意力，与此同时也伤害了眼睛。孩子们的视角长时间固定在一个范围内，最容易引起眼肌疲劳，造成假性近视，甚至发展成真性近视。

因此，在孩子学习时，我们应该提醒孩子注意劳逸结合。每学习一个小时之后，都应该休息 10 分钟，尽量放松自己的眼睛和大脑，防止用眼疲劳的同时也能提高学习效率。

躺着看书不可取

许多孩子学习的时候坐姿端正，可是一放松下来，就忘记保护眼睛了，经常拿着漫画书躺在床上长时间观看，这是绝对错误的做法。虽然孩子自身感觉很放松，可这并不利于孩子的用眼健康。

躺着看书，很难控制书与眼睛之间的距离，也难以控制视角；躺着时大脑由于局部受压迫，导致血流不畅。因此，躺着看书、看电视，最容易引起眼睛疲劳，时间稍长，眼睛就会有一种干涩的感觉，严重时就会造成视力损伤。

除了注意不要躺着看书以外，还应注意不要在光线过强或过暗的地方看书。只要注意了这些用眼细节，孩子就能很好地保护视力了。

每天坚持做眼保健操，注意姿势正确，以免造成反作用。

注意眼部卫生，用眼药水来滋润、护理眼睛，尽量避免用手揉眼。

让孩子做个有道德良知的人

道德与良知是社会上议论的热点问题，人人都知道道德良知对于一个人的重要性，却没有法律或规章制度控制人们的行为。我们作为成人，面对现实中出现的情况都难以作出正确的判断，何况年幼的孩子呢，他们对道德良知的认识是否更加模糊呢？所以，我们要尽早让孩子对道德与良知有正确的认识。或许多数家长认为道德与良知这个范围太大了，而许多孩子成年后不能做个有道德的好公民，就是因为小时候没有接受来自道德方面的教育，从小就说谎骗人不诚实，而父母只扮演了袖手旁观的角色。

前面我们已经提到几乎所有的孩子都会说谎，不以骗人为目的的说谎，属于无意说谎，其产生的原因包括：

◎孩子年幼，分不清真假或事实与想象。

比如，孩子把鸵鸟当成自己心目中的恐龙时，就会说："我在动物园里看到恐龙了。"

◎错把自己心目中的期望当成了现实。

比如，在看到小朋友有什么好玩的玩具时，他可能会脱口而出："我也有。"

对于缺乏道德良知的孩子，家长可以采取以下措施进行帮助：

创造有利于道德成长的环境

我们是孩子的品德老师，正确的教育会对孩子今后的生活起到至关重要的作用。身为父母，我们要树立良好的道德榜样，日常生活中的点点滴滴都是培养孩子品质的好教材。

利用美德来强化孩子的良知

我们希望孩子做正确的事，自己的举止行为就要符合道德标准。我们要清楚地告诉孩子，什么是正确的行为，什么是错误的举动，并将这些概念清楚举例，让孩子牢牢记住。

用道德约束来帮助孩子学会分清是非

◎摆事实，讲道理，告诉孩子道德准则。

◎要有正确的教育方法。

◎制定一些规则并严格要求。

◎为孩子制定道德行为规范，对与错都要有一个衡量的尺度。

这些条目一经提出就要严格规范孩子的行为，我们的态度要坚决，切不可迁就、姑息孩子的错误行为。

父母的榜样行为

孩子的模仿能力非常强，我们的行为就是孩子的榜样。要孩子做诚实的人，我们必须首先做到待人诚恳。只有父母做出了好的榜样，才能培养出品德优秀的孩子。

正确对待孩子的顺手牵羊

有的孩子喜欢悄悄地拿走别人的东西，占为己有。有的成年人会说这种行为叫偷东西。可是孩子那么小，怎么会有意识去做这样的事情呢？孩子的这种行为只能叫满足自己的物质占有欲，或许不该叫偷，因为他们不知道事情的严重后果。

而那些喜欢"拿"东西的孩子，拿到的也不是什么过于贵重的物品，多半是自己想要得到却一时半会儿买不到的小玩具、小铅笔、橡皮等等。而这也说明孩子在幼年时期还不具有偷的概念。

比如有的孩子自己的玩具玩腻了，找不到新的玩具，或者看见别的小朋友有新玩具，就会拿抽屉里的钱去买或干脆直接拿走别人的玩具。我们应该理智地去分析，找出孩子犯错的真正原因，不可以粗暴地把这种行为叫做偷，请不要用我们的思想来衡量年幼的孩子。

许多孩子都喜欢把别人的东西偷偷拿回家，这种现象在小孩子中非常普遍。而产生这种行为的常见原因有：

◎没有形成正确的物品所有权观念，不知道别人的东西不能随便拿这个道理。

孩子还太小的时候，没有分辨事物的能力，不知道哪些是自己的，哪些是别人的，认为只要自己喜欢，就可以拿回家。他们不知道要征得别人的同意，更不知道要告知对方。小孩子们还没有这个概念，还不知道这个礼节，他们只随着自己的性子来。

◎爸爸妈妈反而成了孩子操纵的木偶人。

如果父母对孩子的任何要求都立即满足的话，孩子就会习惯于想要什么就得到什么。在他看来，他想得到的，就是他的，拿别人的东西也就是自然而然的事情了。所以，他们就习惯于去拿别人的东西，只要能满足自己的要求，他们无所顾忌。

◎只为引起父母的注意。

为了引起爸爸妈妈足够的注意，孩子会不惜一切代价，包括故意做错事来让爸爸妈妈批评。即使是批评，孩子也觉得比把他冷落在一边要好得多。

◎孩子的合理要求没有得到满足。

由于孩子的合理要求没有得到应有的满足，他们从父母那里得不到自己想要的东西，但又羡慕别人的东西，于是就会采取拿别人东西的办法来满足自己的需求。

◎爸爸妈妈做了不好的榜样。

许多爸爸妈妈喜欢把单位的东西带回家，这些行为一旦被孩子看到，他们就会认为，拿别人的东西再正常不过了。于是他自己也会效仿父母的行为去拿别人的东西。

分析了原因之后，如果您的孩子确实已经养成了随便拿别人东西的习惯，请您先不要着急，试着采用下面的方法，来帮助孩子改正错误。

不能让孩子随波逐流

就算是最不起眼、最小的东西，只要孩子偷偷拿走了，我们就不能装作没看见。也不能因为爱面子，怕孩子的举动会引起别人的误解，我们索性教孩子如何隐瞒。更不能因为孩子占了便宜，我们甚至沾沾自喜。

错误的做法都会助长孩子的占有欲，使孩子养成贪小便宜的坏习惯。走到哪里都喜欢"顺手牵羊"，这样下去，他们将来就有可能发展到去偷窃，甚至犯罪。

面对孩子不要暴跳如雷

在孩子的心目中什么是自己的，什么是别人的，什么能拿，什么不能拿，这些概念并不十分清楚，只知道"我想要，就可以去拿"，不知道用别人的东西来满足自己的欲望是不应该的。

这个时候，我们不能对孩子暴跳如雷、动手打骂，而应该以温和又严肃的态度引导孩子讲出为什么要拿别人的东西，然后耐心地告诉孩子不能随便拿别人东西的道理。耐心才是我们最应该有的态度。

不要拿"偷"字来为孩子定义

如果我们刚一发现孩子这种情况，就斥责他偷别人的东西，甚至加以打骂，这只会伤了孩子的自尊心，往往使他们连送还东西的勇气都没有了。因此，为了保护孩子的自尊心，我们在与孩子交谈时，不可使用"偷盗"等词语，而要用"拿走""带走"这样的词来代替。

让孩子分清楚：什么是自己的，什么是别人的

我们平时购物逛街可以带上孩子，在购买物品时，可以顺便告诉孩子：不是自己用钱买的东西就不可以拿回家。这样，孩子慢慢就会了解什

么是可以拿的，什么是不可以拿的了。

另外，我们可以常常告诉孩子，哪些是他自己所拥有的玩具，还要让孩子知道，如果想要用别人的东西，就要事先征得别人的同意，用完之后马上还给别人，而不能随便拿他人的东西。

让叛逆的孩子回到校园中去

每天到了上学的时间，街上几乎看不到孩子们的身影。他们正乖乖地坐在教室里听老师讲课，认真吸收知识。可是，现在街头上却充斥着越来越多的学生一族，即使是上课时间，他们也背着书包在街上闲逛，或是整天泡在网吧里。

上课的时间，孩子们不是应该在教室里吗？为什么会成群结伙出现在街头呢？而且他们一副无所事事的样子。看来，这些在街头闲逛的孩子们是逃学了。他们即使逃出校门无事可做，也会选择留在街上，这就是一个不好的习惯，会让孩子们走上歧途。

其实，孩子厌学是一种正常情绪，但是，一旦发展到逃学，就是很严重的问题了。根据上海精神卫生中心对 3000 名适龄学生的抽样调查显示：大约 25.4% 的学生害怕或拒绝上学。

而这些孩子逃离学校的原因却非常简单，比如厌烦学习，讨厌老师的管教，或者不想考试，不喜欢看到不及格的成绩等等。杂七杂八的理由只因为孩子们没有养成学习的好习惯，始终抵触老师或父母，无法控制自己的行为。

这样的孩子大都丧失了对学习的兴趣，甚至是极度讨厌学习，在他们心目中没有组织性与纪律性。一旦他们有了一次逃学经历之后，他们便会频繁地寻找借口，来满足自己寻求"自由"的愿望。

逃学行为不仅对孩子的安全不利，还容易让孩子在不恰当的交往中沾染上一些坏习性，而那些成群结伙的逃课学生也是社会不安定因素之一，这一切都让父母们深感头痛。

那么，怎样才能纠正孩子厌学、逃学的坏习惯呢？我们给家长的建议是：

刨根问底，彻底查出孩子逃学的原因

孩子选择走上错误的道路，总是有他们的理由。我们要耐心询问，与孩子真诚沟通，问清楚孩子为什么要逃离校园，是因为孩子自身的主观问题，还是因为学校存在的客观因素。只有找出事情真正的原因，才能帮助孩子解决问题。

让孩子学会融洽地与老师和同学相处

要从小培养孩子的沟通能力，让孩子多与同年龄的伙伴接触，从而具有一定的社交能力。鼓励孩子走出家门与小伙伴一起玩耍，对到自己家里来玩的小伙伴也应表示欢迎。只有能够融入校园的孩子才会渐渐喜欢上校园生活。

粗暴教育并不利于孩子改掉逃学习惯

父母的打骂与责罚，只能让孩子更讨厌走进校门，把他们原本不多的学习兴趣彻底扑灭了。许多孩子会因为害怕父母的打骂而开始撒谎。父母的粗暴教育只能让孩子在脱离校园后又脱离家庭。

无处可去的孩子这时很容易被社会上的不良少年所说服，成群结伙地去做违法乱纪的事情。这样做的后果是不堪设想的，我们在处理孩子逃学问题时，一定要先冷静下来，再与孩子沟通。耐心与爱心才是挽回孩子的好方法。

家庭的温馨会让孩子感动

爸妈的粗暴丝毫不能帮助孩子改掉逃学的坏习惯，相反，温馨的家庭

环境，却能增加孩子的责任感，孩子会为了自己的父母而放弃再次逃学。

许多孩子，多次逃学并非是他们内心自愿的，而是出于报复父母的目的，所以，我们要为孩子营造最好的家庭环境。这一点也是我们一直所强调的关键。

第六章

成功的孩子都有会沟通、
会团结、拒诱惑的好习惯

阳光未来丛书

成功从培养孩子的好习惯开始

YANGGUANG WEILAI CONGSHU

CHENGGONG CONGPEIYANG HAIZI DE

HAOXIGUAN KAISHI

团队合作，共同进取

人类社会是一个复杂存在的集体，有着普遍的联系，发达的通信技术和信息已经把每个人联系在一起，没有哪个人能脱离社会而单独生存。

所以，一个人成功的标准，取决于他为人处世的熟练程度，而孩子是不是习惯于同他人交往、同他人合作，在很大程度上就决定了他们发展空间的大小。

与人合作的能力已成为当今世界人才的重要素质之一。而父母对"独子"的溺爱，使孩子们变得任性、骄纵、自私，更致命的缺点是孩子们无法虚心接受他人的意见，并且缺乏团队合作精神。

曾经有这么一个有趣的寓言：

一天，鱼、虾和鸟想把一辆小车从大路上拖下来。三个家伙一起负起了沉重的担子，它们用足劲儿。但是无论它们怎么拖拽，小车还是在老地方一点儿也没有移动。

这并不是因为小车重得动不了，而是另有缘故：鸟使劲向天空提升，虾一步一步向后倒退，鱼又朝着池塘拉去。

这个寓言说明，要想达成一个目的，就要团结一致，注重团队合作精神。因为事物之间都是相互联系并互相制约的，每个人在做好自己本职工作的同时，还要注重与别人的协作精神。

只有当各种相互作用、相互依赖的关联要素彼此协调、合作、同步一致地向同一目标运动时，才能形成整体合力。而相对孤立或者不协调的力量是很难有所成绩的。

其实，任何一个人的成功，都离不开与他人的协作，只有首先承认别人的价值与付出，才能与他人进行良好的合作。

当然，合作并不是一般意义上的人际交往，而是为了一个共同的目标结成的互助互利的双赢关系。但是，协作精神并不是生来就具有的思想与能力，而是需要爸爸妈妈进行后天的培养与指导，使孩子渐渐形成善于同他人合作的好习惯。

那么，我们应该如何培养孩子主动参与合作的习惯呢？

让孩子明白"独占"并不能得到快乐，而与他人协作才能分享更多的快乐

我们在日常生活中可以让两个孩子共同玩一套积木，每人半套积木并不能组合成漂亮的造型。如果，两个孩子的积木集合在一起，就能凑成完整的一套，从而摆设出漂亮的造型。这件简单的小事，能让孩子深刻体会到与他人协作是多么的重要。

让孩子体验到与他人合作成功后的快乐

成功的滋味能让孩子在没有父母督促的情况下，自觉自愿参与到与他人合作的活动中去。孩子的潜意识中一旦认为与他人合作的成功几率较高，就会渴望与他人合作。

当然，这里的成功并不一定非要达成预期目标，只要合作过程真实愉快，参与者尽力而为就可以了，只要孩子们有所收获，合作就是成功的。

教会孩子与他人协作的技巧

合作，就意味孩子参与其中，要顾及他人的感受，不可一味任性。只有每个参与其中的孩子都有协作与牺牲精神，大家才能步调一致地进行工作。如果缺乏这些素质，合作便是不愉快的，也是不能持久的。

让孩子学会虚心接纳别人的意见

让孩子从内心深处真正接受别人提出的建议，利用对方的长处来弥补自己的短处。而只有欣赏他人的长处，合作才会协调、有默契。

融入集体，不做落单的小朋友

现在的孩子，看似活泼，其实他们的活泼只是一种表面现象。与父母独处时，他们显示出超强的亲和力：能与自己的爸爸妈妈一起玩耍、沟通，甚至为自己的父母表演诗词歌赋，但离开了父母的围绕，来到学校后会是怎样的情况呢？

多数孩子只认同父母带给自己的安全感，来到校园之后，他们会拒绝与外界接触，把自己划在一定的范围之外。不去积极参加学校组织的活动，并且表现出孤僻的性格，久而久之，就会被大家所抛弃，形成离群掉队的现象。

为什么孩子会成了"两面派"？在父母面前的那种开朗活泼怎么会瞬间就消失无踪了呢？真正的原因是溺爱使孩子形成了孤僻离群的习惯，尤其是独生子女更容易形成这种习惯。

由于父母长期娇生惯养，溺爱孩子，使年幼的孩子变得非常任性，喜欢独来独往，眼中只有他自己，很少想到别人，甚至不会顾及别人的感受。这样的孩子长大之后，无法与他人合作，更难以融入社会。

这一性格上的缺陷对他们今后生存的不利。与性格开朗活泼的孩子相比，离群的孩子在知识范围、语言表达、人际交往等方面都会表现出严重的不足；而能与大家融洽相处的孩子更容易被周围的环境所接受，这类孩子成年后也会具有较强的竞争力。

我们都明白人是社会性的动物，不可能有哪一个人脱离集体独立生存。因此，我们必须纠正孩子孤僻离群的坏习惯。

而孩子在幼年时期，应该是最为活泼开朗的，他们应该爱说爱动，特别容易被周围的环境所接受。可是，多数的孩子我行我素，不与人交流，不与父母沟通，不将自己的心声吐露出来。

从孩子的天性来分析，他们都喜欢交朋友，乐于同年龄相仿的孩子一起活动，那些孤僻离群的孩子绝对不是天生的。他们最初来到这个世界，也是开朗、可爱的，正是由于爸爸妈妈在孩子幼年时期小小的疏忽或是错误的教育方式，让孩子变成了不被他人所接受的"异类"。那么，父母该怎样来改正孩子孤僻离群的坏习惯呢？

家庭气氛要融洽

孩子生活在温馨、和谐的家庭环境中，才能更好地感受家庭的温暖，身心才能得到健康发展。多给孩子一些温暖，关注孩子的生活、学习和健康。尽量多抽出时间与孩子游戏、交谈，使孩子感到自己在父母心中的地位与分量，心中得到爱的满足，从而建立安全感。

将孩子推入集体活动中

孩子如果拒绝与其他小朋友共同玩耍，拒绝参加集体活动，我们就要鼓励孩子，并告诉孩子：爸爸妈妈会在旁边支持着他。而孩子参加集体活动有利于培养他的沟通能力，让他更广泛地接触到不同的孩子。

在孩子们组成的集体中，人人平等，没有谁会去迁就某个人。这也培养了孩子们替他人着想的能力，能让孩子将自私的习惯改掉。所以，多参加集体活动是提高孩子社交能力的重要途径。

孩子在集体活动中得到的快乐是父母所不能给予的。他们在集体活动中，不仅可以结识许多小伙伴，学会用集体交往的规则来约束自己，还能纠正由于父母溺爱养成的各类坏习惯。

与好孩子做朋友会变得更优秀

不爱交朋友的孩子，在最初与别人沟通时，是不具备交友技巧的，更不会筛选哪些孩子可以交往，哪些孩子不能共处。我们要教给孩子这些技巧，让他们与优秀的孩子结交朋友，吸取别人的优点，共同进步。

如果孩子选择了表现不好的小朋友做伙伴，不仅不利于孩子形成良好的人格，还会影响到他今后的发展。所以，告诉孩子：交友要有所选择，并不是所有的人都适合交朋友的。

让孩子频繁与外界接触

父母要尽可能创造条件让孩子与同伴多交往。我们可以利用节假日多带孩子到公共场所玩或常带孩子走亲访友，也可以请孩子的小伙伴到家中来和孩子一起玩。这些具有集体性的活动，可以增加孩子与人交谈的机会，让孩子们感受到与人交往的快乐。

帮助孩子改正其他不良习惯

孩子不能与其他的小伙伴融洽相处，或许除了孤僻的性格外，还有许多不被别人接受的坏习惯。正是这些不起眼的坏习惯，让孩子被集体排除在外，我们要帮助孩子改正这些不好的小毛病，比如骄傲、吝啬、自私等等。

自私自利的孩子交不到朋友

现代社会进步太快，我们在过于追求物质生活的同时，忽略了精神方面的修养。成年人的世界里到处充斥着自私自利，我们极度厌恶那样的人存在于我们生活的环境中。可是，我们面对孩子的自私却能容忍、接受，甚至默认。

在生活中，我们经常看到两个孩子为了争夺一个玩具或者一份零食而哭闹不休，最后大打出手。这些孩子往往只顾自己，特别是对自己喜欢的事物，尤为吝啬。只要是自己独占的物品，坚决不会与其他的孩子分享，更不要说是自己特别在意的了。

自私自利的孩子没有关爱他人的观念，也不知道心疼父母，请看下面这些例子。

嘉彤是个聪明可爱的小朋友，但是她的自私自利却让父母都觉得害怕。起因是前不久的一天，妈妈为小嘉彤买来磨牙饼干，小嘉彤一把接过来吃得津津有味。妈妈见嘉彤心情好，就逗小嘉彤说："让妈妈也尝尝磨牙饼干的味道好吗？"谁料，妈妈话音未落，嘉彤竟然哇哇大哭起来，她一只手紧紧地用拳头攥着自己的饼干，另一只手用尽全力想将妈妈推开。嘉彤这一举动，着实让妈妈吃了一惊：女儿怎么会这样自私呢？

家里要是来了小客人，嘉彤就如临大敌，她绝不允许其他小朋友碰她的玩具。吃饭的时候，嘉彤还会目不转睛地瞪着其他小朋友，说："那是我最喜欢吃的，不许你碰！"嘉彤一句话，弄得整个饭桌上的人都十分尴尬。

周末，嘉彤去爷爷奶奶家，只要见了自己喜欢的东西，就一定要带回家。可是，当爷爷奶奶提出要上嘉彤家去做客时，嘉彤就会站在门口，阻拦爷爷奶奶。嘉彤这一自私的行为，让爸爸妈妈再一次感到难堪与尴尬。

我们对孩子过度的溺爱，让孩子们认为什么好的东西都应该是自己的，不能与他人分享，这使他们完全丧失了分享的观念，彻彻底底成了一个自私自利的孩子。

所以，为了孩子的将来，我们要坚决帮助孩子改正他们自私自利的坏习惯。哪怕是生活中的点滴小事，也要教育孩子多替他人着想。不能只想到自己的利益，而不去考虑别人的感受。

那么，怎样才能纠正孩子自私自利的坏习惯呢？我们给父母的建议是：

让孩子学会与他人分享自己的零食或玩具

在日常生活中，爸爸妈妈可以让孩子多和其他小伙伴交往，在孩子们玩耍的时候，我们可以适时教育孩子，吃的东西要分给别人，玩的东西要和别人一起玩。

让孩子从一个小糖果、一个小玩具起，开始学会分享。时间长了，孩子尝试过分享的快乐后，他们会很乐于将自己的私有物品拿出来与大家一起玩耍。

孩子之间发生争执，我们要正确主持公道

作为家长，务必要在对待孩子自私、霸道的事情上坚持正确的主张，不给自己的孩子特殊待遇。如果两个孩子因为争夺一件物品而发生争执，我们要问清楚细节后，作出公正的评判，不要因为袒护自己的孩子，而助长了孩子的自私自利。

从日常生活开始改掉孩子的坏习惯

我们要时刻提醒孩子什么是先人后己、什么是自私自利。我们要让孩子逐渐养成有好吃、好用的东西大家一起吃、一起用的好习惯，并且让孩子去帮助别人做一些力所能及的事情，分享不只是分享一些物品，也包括分享自己的爱心。

营造好氛围，父母是榜样

如果说，孩子的自私自利是在模仿我们生活中犯下的小错误，那么帮助孩子改正错误，也要父母作出好的示范。比如我们平时比较容易在哪些事上犯自私的毛病，就要时常提醒自己不要去犯，还要常常审视自己的行为。只有大度的父母才能培养出会分享的孩子。

严以律己，宽以待人

宽容是对别人的体谅，是一种美德，更是一种人生境界。宽容别人就等于善待自己，宽容的同时，也创造出生命的美丽。宽容的心会帮助孩子意识到个体的差异，使得孩子学会尊重别人，也更懂得包容。这种美德会

让孩子以善良和理解的态度来对待别人。

在孩子今后的人生道路中，处处充满了竞争。一个不懂得宽容的孩子是很难在社会竞争中取得成功的，因为他缺少来自别人的支持。

要教会孩子如何为人处世，首先就要教会孩子理解与宽容。学会理解他人的难处，学会宽容别人的过失，并把这种理解和宽容转化为内在的认知习惯。一个善于体谅他人、对生活保持宽容态度的孩子，一定是一个充满爱心的孩子。

而在一些家庭中，溺爱孩子的现象非常严重，爸爸妈妈舍不得看到孩子受一丁点儿委屈，因此而娇纵了孩子，而专横的孩子，是无法处理好同别人的关系的，更谈不上理解和包容他人。

老师们对这些被惯坏了的孩子真是深有感触：在校园里，老师们经常要处理学生一些鸡毛蒜皮的"投诉"。比如"老师，他把水洒在我桌子上了"，"老师，他刚才骂我"，"老师，他把我的桌子、椅子换走了"等等。

然而就是这样一些琐碎的小事，有的孩子竟然会因此对其他同学大打出手，仿佛只有打败了别的同学，才算是胜利，才能找到自尊与快意。大事小情都要"占上风"，绝对不能吃一丁点儿亏，不退却，也不谦让。而这一切，都是孩子缺少宽容的表现。

人之初，性本善，我国古代许多思想家都很重视宽容的品质，也留下了许多警世名言。由此可见，宽容的品质，是走向成功所必不可少的一种品质。

孔子曾说：一个真正的人要有宽容、恭敬、诚信、灵敏、慷慨五德，并把宽容放在五德之首。

庄子也说：圣人应有包容天地、遍及天下的宽阔胸怀。

林则徐指出：海纳百川，有容乃大。

宽容是一种博大的精神，它能包容人世间的喜怒哀乐，让我们的孩子不再为了小事而斤斤计较；宽容也是一种境界，它能使人生跃上新的台阶，让我们的孩子取得进步。宽容是每个人所必须具备的品质，是为人处世最基本的道德要求，我们要让自己的孩子学会处世宽容。

所谓宽容，就是宽恕与容忍，能容纳和接受与个人意愿不相符的事物。孩子一旦有了宽容的品质，他就能容纳不同的意见，尊重他人，与大家和睦相处。宽容之心也能使孩子较快地接受新事物、适应周围的环境。

有学者说，宽容是人们交往与合作的润滑剂，说得确实很有道理。现在的社会竞争激烈，每个人都有自己的个性。在这种情况下，孩子只有具备宽容的品质，才能在人际交往中包容不同的竞争对手。

作为家长，你能够做到宽容并善于理解他人吗？如果做不到，你就必须尝试着改变自己。因为这样的改变对你来说很重要，对于你子女的成长，意义则更加深远。孩子可能因为父母的苛刻而变得不能理解和宽容父母，这是家长们所不愿意看到的。

家长要让孩子学会宽容进而形成一种习惯，要注意做到以下几点：

◎不要溺爱孩子，让孩子误以为家庭中的每个成员都要为自己服务。

◎要让孩子改掉以自我为中心的坏习惯，凡事都要顾及他人感受，不能一味只考虑自己。

◎不要让孩子处处占尽优势，多一些吃亏的经验能锻炼孩子的克制力。

◎让孩子多与集体接触，在与同伴接触的过程中，能锻炼孩子宽容与关爱他人的习惯。

◎要让孩子尊重自己的长辈，体谅长辈的辛苦，珍惜父母的劳动成果。

◎我们要为孩子创造一个温馨、和谐、友爱、宽容的家庭环境，而融洽的家庭环境能逐步培养孩子宽容与忍让的好习惯。

沟通具有神奇效用

"有的时候我也想做颗普通的星星，跟别的小朋友一样快乐地眨眼睛，但是从来没学会怎么做，所以只好躲在一边做个旁观者，就像是被这个世界给遗忘了。"

这些被遗忘的孩子一般会有以下的举动：

一些孩子想要夺回"皇帝"的位子，只有通过反叛的行为吸引别人注意，他们努力做出一些不同寻常的举动，比如捣乱、破坏，但是这样一来却把自己变成了不受欢迎的人。

还有的孩子采用相反的办法，直接把自己孤立或保护起来，不与其他小朋友玩耍，久而久之逐渐变得自我封闭。

幸运的孩子慢慢学会了合作，可以回到集体当中，他们只是慢了半拍而已。

孩子的人际交往能力差，就无法与其他的小朋友玩到一起，总是被孤立起来或者不能主动参与到一些游戏活动当中。见了邻居和长辈脸红、紧张，不能主动向熟悉的人问好等等，这些都是孩子缺乏人际交流能力的主要表现。

而产生这些不良表现的主要原因是：在生活中孩子们总是习惯留在自己的世界里，心里没有集体观念，不知道集体是很重要的群体，单纯地以为自己可以独立停留在个人的世界里，与外界断绝联系。对自我保护意识的错误理解造成了孩子孤僻的性格。我们千万不要以为这只是孩子过于骄傲，不能融于群体。孤僻的孩子应该引起爸爸妈妈们的注意了。

还有一个重要的原因是：家长过度保护和溺爱孩子。眼下他们好似被保护得无微不至，长远讲会影响到孩子的心智发育，让他们变成无能无为的可怜虫，被其他的孩子孤立并远远甩在后头。其实质是我们满足了自己爱孩子的心理，过分的保护成了孩子成长的阻碍，使他们丧失了交流能力与集体意识。

孩子的交流能力与集体意识应该从小培养，每天的生活都是交流与合作的课堂，日常的生活就是最好的教材。我们应该鼓励孩子勇敢表现自我，帮助他们树立坚定的自信心，教给孩子们适应环境、战胜困难的方法，培养孩子积极的合作精神，帮助他们养成主动参与集体活动的习惯。为此，我们需要在与孩子的共同生活中注意以下几点：

◎学会等待和观察孩子的表现，遇事不要急于插手干预。

◎平时在同孩子游戏的过程中注意变换角色和形式，鼓励他们主动探索和尝试。

◎要经常问问孩子的想法和感受，并将我们的体验与孩子的感受相比较后再沟通。

◎凡事尽可能让孩子配合完成，无论游戏还是生活都让他们成为主动的参与者。

◎让孩子看到并收到他参与合作的活动成果，使他切身体会合作的成绩与快乐。

我们应该经常把能够促进交流与合作的几句话挂在嘴边，例如：

◎我是这样做的，你是不是还有更好的方法呢？

◎为什么是这样，宝宝怎么想的呢？

◎你帮帮我的忙好吗？

◎让我们一起来好不好？

◎你问问那个小朋友是不是也想试试……

在家庭教育中我们不能忽视培养锻炼孩子的社交能力。在美国的幼儿心理教育中，孩子的人际交往能力被列为重中之重。在未来社会，大部分的工作需要团队合作完成。

孩子从小学会与他人平和相处、协调配合，长大后才能很好地融入团队。在美国家庭中，父母们经常倾听孩子的建议，让孩子在家庭决策中起一定的作用。

通过语言表达，促进孩子的沟通能力，我们给父母们的建议是：

学会倾听并鼓励孩子多说

三四岁的孩子已产生了一些社会性的心理特征，想象力丰富，喜欢表达个人的见解和意愿。他们有着自己想要表达的语言。

当孩子喋喋不休时，爸爸妈妈应该以大朋友的身份，静静地聆听孩子的心声。或许孩子的表达不合逻辑，我们也不要立刻阻止，时间久了，孩子喜欢交流的习惯就养成了。

用身边的物品教孩子练习说话

在我们的家庭中有数不尽的语言训练对象，比如儿童玩具、水果、零食、日常用品，都可以拿来做训练孩子语言能力的素材。

妈妈们可以随手拿起一个小小的物品，自己先用语言作最初的引导，孩子可以作接下来的叙述，在说话训练中父母还能教会孩子认识新事物和数字等，这样的沟通互动确实有很大的好处呢。

让孩子置身玩具和童话的世界

各种各样的玩具和色彩斑斓的少儿读物是孩子们所钟爱的两大宝贝，放手让他们去玩、去翻看，在孩子玩乐与阅读时，爸爸妈妈参与其中进行善意的指点，不仅能够促进孩子动手动脑的能力，对孩子形成良好的思维习惯、发展语言天赋也是十分有益的。

有意识引导孩子说话

在茶余饭后、家务劳动中，经常选择不同的话题引导孩子说话，给孩子一个小小的提示，对于孩子来说任何新鲜的事物都能引出他们一大段对话或独白。

时间久了孩子就形成了习惯，就能自己去寻找问题了。探索精神对于一个孩子来说是必不可少的，多诵读诗文对孩子今后的学习也具有十分重要的意义。聪明的爸爸妈妈们千万要把握住这个机会哦。

父母要多与孩子交流

学习语言是为了应用，孩子如果不能很好地运用语言，就会处于明显的劣势。有的孩子对社会环境不适，就是因为表达能力差。这不是说孩子本身的词汇量不够，而是指他们不懂得对话的规则，不会交流，甚至无法沟通。

所以，我们要多和孩子说话，让孩子感到亲切、自然、随意。谈话的内容并没有固定的局限性，这也给了父母发挥的空间。

多给孩子表达的机会

当孩子能够清楚表达自己的思想时，要让他们知道自己哪些地方没有表达清楚，为什么。即使有的孩子说话、发音不清楚，我们也不要当众纠正发音，而应在相互独处的情况下告诉孩子今天哪句话说得不太正确。

让孩子吐露内心的真实想法

一位母亲向我们诉说了她的疑惑："我的儿子不属于胆小怕事的那种孩子，因为他敢一个人去书店逛。但是他想要什么或者想做什么事情，自己不会去说，而会叫其他小朋友去对老师讲。我问他晚饭想吃什么，他也不会直接说自己想要吃什么。有时候说话还要看着他爸爸的脸色。

我儿子很听话，但他不喜欢向别人说出自己的想法，我觉得这样不好。"

通过这段讲述，我们可以很明显地分析出，这个孩子的病根在内心，而不是胆量的问题。

这个孩子胆子并不小，而孩子内心的勇气却小得可怜，我们习惯把这样的孩子说成是内向，多数父母认为是孩子性格所导致的。其实，这是孩子出现了严重的内心问题，这要解决孩子羞于表达的习惯，我们要注意什么，以及怎样处理呢？请仔细阅读下面的建议：

尽可能带孩子参加一些活动，让孩子跟外界多多接触

现在的父母由于工作忙，很少陪孩子一起玩，相互交流的机会也比较少。所以，请父母们在百忙之中抽出时间来陪孩子说说话，跟孩子多做游戏，一起参加一些体育活动。

不要给孩子贴上不爱表达自己观点的标签

很多时候孩子们并不清楚自己是否存在表达上的欠缺，他们偶尔的不善表达如果被父母经常挂在嘴边提了又提，时间一久，心理暗示的作用就会让孩子相信，自己在表达方面确实存在问题。

而且，正是我们的一句"孩子不爱说话"让不善表达的孩子为自己找到了合理的解释，而之后孩子便会随着我们的这一说法任意发展了。

帮助孩子获得成就感

孩子不敢表达自己的观点，或许是因为在某一次表达自己观点的时候，曾经受到过爸妈的指责或批评。当孩子发现保持沉默就能避免惹来爸妈的批评时，他自然就会有意识地去养成不发表看法的习惯。这样，在孩子看来，也是对自己的一种保护。

想要什么玩具，想做哪些事情，必须要和爸爸妈妈说清楚。只要孩子在说明合理的想法后，能得到父母的认同，就能养成善于表达自己观点的习惯。

如果父母不在一起，孩子心理上会有阴影，这个时候最需要有人来开导

父母离异的孩子，在他们的内心深处往往都缺乏安全感。因而，他们沉默寡言，从不吐露心声。这个时候父母要做的就是想办法让孩子明白：

父母分开是很正常的。

在平时难得的相聚中，父母要让孩子感受到自己对他的爱。注意将孩子的思想向积极的方面引导，只有让孩子重新获得安全感，他们才肯开口说出自己内心积蓄已久的情感。

不要对着孩子数落对方的不是

要让孩子过得幸福，父母双方不管是哪一方有问题，都不要在孩子面前数落对方的不是。更多的还是要说对方的好话，这样对孩子的成长更有利。否则，孩子夹在父母中间，十分为难，当不知道如何表达自己内心的观点时，他们就会选择沉默。

有些孩子在发表自己的意见时，常常会受到别人的影响。比如当孩子拿不定主意的时候，家长和老师的一句暗示、一个眼神，都可能让孩子随时改变主意。为了免受批评，更多的孩子选择听从父母和老师的意见，放弃自己内心真实的想法。

这种做法，会严重影响孩子思维独立性的发展。没有独立的思维和观点，又谈何发表意见呢？作为父母该如何让孩子摒弃这种任意改变观点的坏习惯呢？

首先，父母要鼓励孩子敢于发表自己的看法。在孩子发表自己的意见时，哪怕是错误的，父母也要让孩子把话说完，只有完整接收到孩子所想表达的信息，才能给予孩子恰当的指导。

对于孩子提出的个人想法，面对正确的意见时，父母应该肯定与表扬，让孩子增强发表意见的信心；面对不太合理的意见时，父母应该及时纠正，但态度要和蔼，并讲明不合理的原因。当孩子的困惑很好地得到父母的处理时，他会乐于将自己的内心想法讲给爸爸妈妈听。

依赖让孩子丧失生存能力

作为父母，我们不能害怕孩子吃苦，孩子自己的事情就放开手让他独立去做，我们一定不要插手，这才是正确的做法；而错误的溺爱，只能让孩子事事依赖父母，如若父母不在身边，他们就变得手足无措。

纠正孩子依赖父母的习惯就是培养孩子的独立能力。首先，我们要相信孩子的能力，相信他能够独立。独立是生存的基本条件，孩子从小就有独立与依附的心理冲突，作为家长，必须时时注意培养孩子的独立性。有这样一个故事：

一只母鸡捡到一只鹰蛋，把它带回去同自己的蛋一起孵，小鸡和鹰一起成长，鸡妈妈待它视同己出。一天，一个猎人经过，一眼就看出了那只鹰，虽然那只鹰走路和觅食的神态已经和小鸡差不多了。

猎人对鸡妈妈说："这是一只鹰呀，你应当让它成为真正的鹰！"

鸡妈妈说："它是我的孩子。"

猎人对鹰说："你是一只鹰呀！"

鹰说："你弄错了，我是一只鸡。"

于是猎人把小鹰带到一个小土堆上，把小鹰举高，然后撒手，小鹰"扑棱棱"落在地上，然后迈开母鸡般四平八稳的步子。

猎人有些失望，但还是把小鹰带到更高的土堆上，把小鹰举高，然后撒手，小鹰"扑棱棱"又落在地上，还是迈开母鸡般四平八稳的步子。

猎人有些遗憾，但他说："我们再试一次！"于是猎人把小鹰带到悬崖边，对小鹰说："这次就看你的造化了！"

说完把小鹰举高，然后撒手，小鹰"扑棱棱"直掉下去，突然，快要着地时，小鹰奋力地扑闪自己的翅膀，扇动着，扇动着，终于，小鹰飞了起来，像一只真正的鹰！猎人欣慰地笑了。

您是否像那只母鸡一样，把孩子带在自己的翅膀下？请父母们深深地反思一下吧。

独立自主是健康人格的表现之一。相对的，过度依赖就是不健康的人格表现。我们的目标是要孩子成为一棵迎风而立的大树，遇事知难而上；而不是经不起风吹雨打的小草，一场风雨就难以幸免。

但是，随着孩子渐渐长大，父母对他们的溺爱程度却丝毫没有减退。我们在无形中剥夺了孩子长大和自立的机会。这样的孩子成年后，依然不能独立面对生活，还是要事事麻烦父母帮忙。这就形成了孩子终身的依赖性格。

而依赖型人格对于孩子个人的成长、发展都有极大的危害，会使个体难以发挥自主性和创造性，自身潜能更难以得到拓展。

心理学家们曾经对依赖型人格进行研究，将大体特征归结为下面几点：

◎遇事十分犹豫，很难独立对事物进行判断分析。

◎时常感到无助，重要决策需要别人帮忙拿主意。

◎喜欢随着别人的思路走，即使已经察觉出错误存在。

◎完全丧失独立性，脱离了来自他人的帮助就会一事无成。

我们要尽量避免孩子因为过度依赖我们而产生依赖型性格。父母应该让孩子在实际生活中得到锻炼，学会独立。下面这个小故事可以解答父母心中的些许困惑。

浩岩的妈妈工作特别忙，所以浩岩生下来不久便被送到乡下的爷爷奶奶家，直到他要上幼儿园的时候，妈妈才决定接浩岩回市区住。

也不知道是不是在乡下随意惯了，浩岩养成了不讲卫生的习惯。爸爸妈妈一让他洗澡，他就推三阻四的，更不用提饭前洗手、刷牙、漱口这些重复次数较多的习惯了。

因此浩岩的牙齿被虫蛀了不少，肚子也经常疼。在学校里，浩岩干净整洁的校服没有几天就又脏又破。爸妈不断地提醒、警告、责罚，都没有生效，浩岩仍然把自己弄得一塌糊涂。

妈妈眼看着别人家的孩子整洁漂亮、神采奕奕，自己的孩子却像一头又脏又臭的小猪，十分苦恼。

那么，怎样让青少年从小就学会独立生存的技能，不去依赖别人，能够自理个人的日常生活呢？我们给出几条建议，爸爸妈妈们可以尝试着去实践。

父母要提高认识，更新观念

爸爸妈妈们要明白，孩子有他自己的人生路要去走，父母只能在孩子幼年时帮助他克服困难，等孩子长大后，爸妈就力不从心了，这时，一切都要靠孩子自己，没有谁能帮到他。所以，爸爸妈妈们要甩掉对孩子的溺爱，及早纠正错误的教育方式，尽早让孩子独立起来。

从小在孩子心里播下独立的种子

爸爸妈妈应该使孩子明白，自己的事情要自己做，自己的小手也能做出许多大事。我们要培养孩子良好的生活习惯，并给予孩子充分的活动自由。放手让孩子自己做事情，在这过程中，我们千万不要插手，而应该鼓励孩子大胆地去尝试自己没有接触过的事物。

要善于在生活中一点一滴培养孩子

每当我们有一个好的想法，想要锻炼孩子时，我们首先要创造完成任务的条件。其次，要保证孩子能够比较容易地完成任务。之后，再逐渐增加任务难度。只有这样才算是慢慢积累，父母们千万不要急功近利，否则结果往往适得其反。

我们要让孩子在完成任务后体会到依靠自己双手取得成功的喜悦，这种内心的愉悦是鼓励孩子进步的动力。

要肯定和鼓励孩子每个小小的进步

哪怕孩子独立完成一件微不足道的小事，我们也要给予鼓励，以此来培养孩子的兴趣。遇到生活中的事，我们要引导孩子自己动手，使他们愿意自己劳动，在劳动中无形地提高孩子自我独立的能力。

面对年幼的孩子，我们要有耐心，并且不要急于求成。孩子刚开始动手时，经常会不小心把事情搞糟，这个时候父母千万不要呵斥孩子，否则就会打消他们的积极性，而要耐心地把动作解释清楚并作示范，然后再让他练习。

定下一些合理的规则，爸爸妈妈也要一起遵守

如果孩子依赖、懒惰成性，鼓励或者批评效果都不明显时，可以定下一些规则，略带强制性地要求孩子来遵守。如果孩子不听劝告，父母可以不理睬他的抗议。确立规则后要严格执行，以行动来证实给孩子看。

别让电视成"杀手"

随着时代的进步，每个家庭中都添置了电视机。从"小黑白"发展到了今天的"大液晶"，电视机在我们的空闲时间始终陪伴着我们。孩子们也习惯于放学后守在电视机前面，赖着不肯去写作业。而且，现在的动画片也确实能让孩子们着迷，容易让他们把学习这件事远远抛在脑后。

一个不好的现象是爸爸妈妈经常忙于工作，基本没有时间陪孩子外出郊游。每当父母不在身边时，电视机就成了孩子唯一的"朋友"。而且父母们也习惯在出门前丢下一句："乖乖在家里看电视，不要到处乱跑。"正是这些看似微小的坏习惯，让孩子开始过度依赖电视。

而且由于孩子年龄小，没有自我控制能力，他们看电视的时间不受任何制约。直到他们看烦了，或者没有喜欢的节目了，他们才会放下遥控器，悻悻地走进房间去学习。与学习相比，孩子们喜欢把电视带来的快乐与放松摆在第一位，于是，这种现象就演变成了沉迷。

盈盈虽然年龄小,但是特别喜欢看电视,而且沉溺于电视连续剧。一说看电视,盈盈的劲头就特别大。每天放学一到家,盈盈扔下书包就去开电视,生怕错过播出时间,吃饭时要伴着电视吃。盈盈甚至为了电视剧,牺牲了自己午休的时间,连写作业也要妈妈不停催促。

盈盈的妈妈也曾经强制性地关掉电视机,让盈盈恢复到正常的生活,但是,为了看电视,盈盈可以不惜一切代价。盈盈满脑子都想着电视剧的情节,时刻猜想着电视剧的结局。

很明显,盈盈已经沉迷于电视了,而且如果爸爸妈妈不采取措施帮助盈盈一把,她自己很难从电视的世界中走出来。

其实,看电视是一个很好的休闲娱乐项目。电视节目丰富多彩,多半是对健康有益的频道。家里如果没有电视机,人们生活起来也会觉得枯燥。

但是,我们是成年人,把看电视当成空闲时的放松。孩子还太小,一旦被电视吸引,他们会把电视放在比学习还要重要的位置。显然,孩子这种"喧宾夺主"的做法是错误的。

所以,适当适量接触电视是正常的,甚至有益开阔孩子的眼界。可是,做任何事都要有个尺度。如果孩子过度、过久地停留在电视的世界里,这就失了分寸,甚至不利于孩子的身心健康,还会影响他们的学习成绩。

其实,很多孩子在进入校门前就开始接触电视了,因为每天爸爸妈妈会早早把电视打开,即使忙得顾不上看两眼,也会让电视机一直开着。孩子在不知不觉中就会被电视吸引,渐渐地,就会习惯在有电视的环境中学习与生活。

于是我们得出结论:是父母错误的生活习惯导致孩子沉迷于电视,我们在生活中不经意犯的小错误就会导致孩子走进坏习惯的误区。孩子是由我们一手培养出来的,孩子的好习惯与坏习惯都与我们紧密相连。所以,我们要注意生活的细节,尽量给孩子营造一个好的家庭氛围。

正确的做法是:作为父母,我们除了改掉自身的坏习惯外,还应该监督孩子看电视的内容，适当限制孩子看电视的时间，以保证孩子有时间参加其他课余活动。

错误的做法是：许多爸爸妈妈喜欢采取较为极端的处理方式，要么撒手让孩子随便看，要么让孩子彻底脱离电视机，一眼也不让看。不让孩子看电视显然是不现实的，极端的处理方法只能让孩子产生更极端的反叛行为。

我们应该正确引导孩子收看电视，使电视真正成为孩子们的"良师益友"，指导孩子收看有益身心健康的节目。而对于孩子喜欢看电视的毛病，我们可以通过以下手段进行监督：

移动电视机的位置

把电视机从家里的主要活动区搬走，不要把电视机放在卧室里，这样更容易让孩子懒散地去观看电视，放学后，也更顺手地去开电视。一旦电视更换位置，就可以避免孩子"顺手就开"的坏习惯。我们在吃饭时也要关掉电视，以此来限制孩子在电视机前花的时间。

养成观看电视的好习惯

多数家庭喜欢把电视开着，即使不看，也要坚持开着。这就在无形中养成了人们对电视的依赖，一旦关掉电视，房间安静了，家庭成员就会特别不习惯，严重的，甚至开始烦躁不安。所以，我们在不需要电视的时候，应该立即关闭电视机，以免孩子在无形中对电视产生依赖。

控制孩子看电视的时间

孩子每天观看电视的时间可以控制在两个小时左右，如果超出了两个小时，不但不利于孩子的视力健康，也会让孩子开始慢慢沉迷于电视。在严格控制时间的同时，我们也要帮助孩子养成良好的收视习惯，这样才能避免孩子沉迷于电视。

陪孩子一起看电视，与孩子良好沟通

孩子独自看电视的时候，如果出现暴力或不健康的镜头，他们无法在短时间作出反应，这就直接影响了孩子的身心健康。我们如果能够陪同孩子一起观看，就可以在第一时间避免电视对孩子造成不良的影响。

观察孩子看电视时的表情

孩子在理解能力有限的情况下，情绪很容易被电视里的情节所控制。孩子在看电视时的表情和状态，都是我们作为父母要留心观察的。如果孩子的表情与反映过于激动，我们就要及时为孩子做后续的解释。

这是很关键的一点，如果孩子对电视里的情节存在疑惑又没有得到正确的解答，他们就会随着自己的想法去想象结局。电视对孩子的不良影响也由此产生。

与孩子一起讨论健康的节目内容

利用电视节目与孩子展开讨论，鼓励孩子就节目内容发表自己的见解，培养孩子的思维和表达能力。这样不但可以促进孩子的全面发展，还能增进父母与孩子之间的交流，缩短父母与孩子之间的距离。

为孩子划定可以观看的节目范围

提前查看电视节目表，列出全家可以一起观看的节目，比如非暴力的且制作精良的节目，这些节目有助于增强孩子的家庭价值观，培养孩子的社交技巧，教孩子有礼貌的谈吐。尽量选择父母与孩子都喜欢观看的节目频道，家长们不要只顾自己的口味与兴趣。

禁止粗暴教育

粗暴地关上电视不让孩子看当然是不现实的，也是不可取的。可以寻找一些活动来取代看电视，比如做一些游戏、让孩子看一些课外读物等等。

网络是把"双刃剑"

网络是一个很好的平台，我们可以利用网络来学习，也可以利用网络来做一些其他方面的事情。而且，网络是一场革命，是一种包括信息交流和学习方式在内的革命。同时，从青少年网络使用的总体情况来看，大部分青少年是利用网络进行学习或者缓解压力的。

所以，杜绝孩子上网是不太可取的方法，况且青少年都有逆反心理，越不让他们接触，他们可能就越要上网，甚至会因为我们的强烈反对，反而对互联网充满了好奇。

有些父母怕孩子接触网络后上瘾，因而禁止自己的孩子"触网"，这种处理方式显然欠妥。我们必须承认互联网给青少年带来了确确实实的好处，可不容乐观的情况也真实存在着。

比如多数孩子家中安装了电脑并开通互联网，已经可以任意浏览网页，可这些孩子的父母有近一半不会上网，不懂得网络的含义，不会操作电脑，更无法对孩子的上网行为进行有利的监督与指导。

其实，孩子们很渴望能在上网问题上与我们有更多的沟通。多数孩子渴望父母能举一些具体的事例来教会他们上网时该如何进行自我保护。所以，我们应该试着去接触互联网，并且根据自己的网络实践去教会孩子怎样正确对待网络。更重要的是，只有我们亲自接触互联网后才能及时掌握孩子的心理状况，避免孩子沉迷网络。

互联网对青少年确实有些负面的影响，可是问题的出现并不在网络本身。我们不能错怪了互联网，更不能让孩子远离互联网，与网络时代隔绝。

我们要做的是及时关心、引导和教育我们的孩子，使他们更加熟悉和全面了解互联网知识、互联网的功能和作用，以适应新世纪科技信息迅速发展的需要。为了孩子能够健康地接触网络，我们应该尽量做到以下几点：

◎允许青少年在课余时间接触绿色的网络游戏。

◎不要让未成年的孩子到外面上网，长时间滞留在网吧。

◎父母要对互联网有所了解，从而引导孩子健康上网。

当然，我们还应该了解到青少年始终是各类新生事物忠实的支持者与疯狂的追求者。随着网络技术的快速发展，青少年对于网络的需求也越来越大。在孩子们的生活中，网络已经成为他们学习、工作和生活的重要组成部分。

好的网络资源可以提高孩子的学习效率，将烦琐与枯燥的知识，以生动的形式表现出来，这就强化了孩子们对知识的记忆。

比如远程网络教学，就是被家长们所认同的一种网络教学方式。那么，互联网到底给孩子们带来了哪些有利的东西呢？我们可以总结出下面几点：

◎满足孩子的心理需求。

◎拓展孩子们的视野。

◎帮助孩子获取新鲜资讯。

◎拓展孩子有限的生活空间。

◎可以适当缓解孩子的学习压力。

那么，身为孩子的家长，在孩子上网的过程中，我们又该扮演一个什么样的角色呢？是旁观者、主导者，还是永远的拒绝者呢？

这些做法都不正确，正确的答案是：应该扮演一个"筛子"的角色。要让孩子接触到网络，并且只接收优良的信息，不利于孩子成长的信息就需要父母们来帮孩子剔除。当孩子浏览互联网页面的时候，家长应该做到：

◎在孩子提出需要使用互联网学习时，家长应陪同孩子一起浏览网页。

◎看到优秀的网络资源信息，可适当提醒孩子多加关注。

◎对于不良网站要以合理耐心的态度告诉孩子不可浏览的原因。

◎在孩子使用互联网时可偶尔去关注下独自在房间上网的孩子。

◎严格履行与孩子约定的上网时间，不娇纵、不放任。

◎如果您的孩子已经沉溺于网络，并且我们发现孩子与异性网友接触过于频繁时，又该怎么办呢？爸爸妈妈们面对孩子毫不成熟的"网恋行为"几乎是深恶痛绝的，打骂训斥是错误的处理方式，那么，怎样做才对呢？我们为您支招，希望对您有所帮助。

面对孩子的"网恋"，爸爸妈妈们不必太紧张。把它看做孩子这个年龄所需要的一种游戏，不必谈"网恋"色变，应该根据实际情况，解决问题。

提醒孩子不要与网友草率见面，谎言往往是欺骗的华丽外衣，不小心便会落入陷阱。

我们的防范意识应当从孩子初初接触异性聊天开始，因为"网恋"中低级庸俗的打情骂俏也会污染孩子纯洁的心灵。

早恋"禁果"，如此苦涩

父母对待孩子的早恋问题切忌态度粗暴、方法简单，这样做只会适得其反，把孩子推向早恋。正确的做法是父母应该鼓励孩子与异性正常交往，并且学习如何正确处理孩子的早恋问题。

早恋对于处在青春发育期的孩子来说是充满诱惑与新奇的，像一朵带刺的玫瑰，将天真的孩子吸引到花刺前，只要孩子们稍不留神，一旦触摸，就会被深深刺伤。

那么到底什么时候恋爱算早恋呢？社会上始终没有一个定论。但是，就眼前的情况来说，中学生谈恋爱就属于早恋，主要危害有以下两方面：

◎中学生学习任务繁重，早恋会分散大量精力，势必影响学业。

◎经济生活尚未独立，没有能力承担恋爱及婚姻的责任。

青春期孩子的主要心里特征有：对异性有强烈的好奇心，渴望接近异性又害怕受到来自异性的伤害。作为父母，在这个特殊时期，我们应该多鼓励孩子进行正常的异性交往。

但是要明确告诉孩子，在交往中应做到尊重对方的人格，真诚交往、相互学习、相互帮助。与异性单独接触时，要注意分寸。

青春期的孩子最容易产生早恋问题，心理压力大是早恋问题发生的根本原因之一。孩子还处于生长发育阶段，容易将幻想与现实混淆，在压力无处释放时，便将目光转向了异性，早恋问题也就此产生。

先说说父母们的错误做法，许多家长们深知早恋的危害，就在平时对孩子严格管教，只要孩子与异性有丁点儿接触，就立刻刨根问底，一直问到孩子不耐烦为止。

关心孩子的成长本是人之常情，但是这种极端的手段并不利于青少年的身心健康，这只能把孩子逼向另一个极端。

再谈谈学校的错误做法，学校处理早恋问题通常采用简单粗暴的压制法：写检讨书、停课、处分、广播点名、公开情书等等，这些极其错误的做法使孩子感到强烈的屈辱和压力，其后果往往是更糟糕的。

其实，父母和学校方面不必过分紧张青春期孩子们互相间的正常接触。即使发生了早恋问题，父母也不要过度绝望。孩子的早恋大多是青春期朦胧而单纯的"爱"。孩子们只觉得与对方在一起愉快，对方有吸引力，仅此而已。而且孩子的早恋一般都是冲动性的，缺乏理智可言。

下面是孩子可能早恋的十种信号，供家长作参考：

◎孩子变得特别爱打扮，注意修饰自己，常对着镜子左顾右盼。

◎成绩突然下降，上课注意力不集中。

◎活泼好动的孩子突然变碍沉默，不愿和父母多说话。

◎在家坐不住，经常找借口外出，瞒着父母到公园、歌厅等场所，有时还说谎话。

◎放学回家喜欢一个人躲在房间里，或待在一边想心事，时常走神发呆。

◎情绪起伏大：有时兴奋，有时忧郁，有时烦燥不安，做事无耐心。

◎突然对描写爱情的文艺作品、电影、电视感兴趣。

◎突然喜欢谈论男女之间的事。

◎背着家长偷偷写信、写日记，看到别人赶忙掩饰。

◎常有异性打来电话，经常收到发信人地址"内详"的信。

如有以上情况发生，作为家长应该鼓励孩子与同学广泛接触，共同成长，让孩子多与群体接触，而不是单一地与某个异性进行交往。千万不可粗暴地阻止孩子同外界的一切来往，而将孩子孤立起来，这样做的后果是不堪设想的。

如果家长发现孩子有早恋苗头，不要如临大敌，一味斥责孩子，而应分析孩子早恋的原因，根据不同情况采取不同的教育方法。家长可以参考以下建议：

不要害怕向孩子提及早恋

当孩子进入青春期，家长在对孩子进行性教育的同时，可以适当提及早恋问题，并明确地告诉孩子早恋是不对的。当发现孩子有早恋的苗头时，应及时提醒孩子要自尊自爱，把握好友情的尺度，不要做出让爸爸妈妈失望的事情来。

家长对待孩子的早恋问题切忌态度粗暴、方法简单

如果发现孩子陷入早恋，爸爸妈妈们请不要责骂甚至惩罚孩子，这样粗暴的解决方式只能适得其反。

家长应鼓励孩子积极参加对身心健康有益的活动，以转移其注意力，发泄其充沛的精力。

正确认识孩子进入青春期后的心理变化

许多家长认为孩子对异性产生兴趣使他们对学习分心，开始变得不听

话了，其实父母的这种想法是错误的。孩子进入青春期，产生心理变化是很正常的事情，家长要端正态度，认真对待。不要以成年人的思维习惯性地去衡量孩子。

教给孩子正确与异性沟通的方法

我们应该尽量与孩子沟通，在与孩子的交流中，可以循序渐进地告诉孩子与人相处的技巧，以及怎样分辨哪些是友情，哪些超越了友情。让孩子掌握好与异性相处的尺度与分寸，这样就可以避免早恋事件的发生。

冷静处理，保护孩子的自尊心

遇到孩子犯错误，父母暴跳如雷是没有用的，只能让孩子更加远离亲情。我们要静下心来与孩子一起冷静分析现在发生的状况，而且，父母的教育应该以保护孩子的自尊心为前提，不能在批评教育中伤害孩子脆弱的心灵。

要明确指出早恋的危害，父母的疏导好过让孩子去以身试法。所以，孩子在进入青春期后，我们扮演的不光是"批判者"的角色，更重要的是去扮演好一个"引导者"。只有我们的耐心引导才能让孩子走出早恋的误区。

除了采取以上的措施，我们要始终做到理解孩子、体贴孩子、冷静对待孩子所出现的问题，要耐心倾听孩子的诉说，并给孩子以热情、严肃的忠告。告诉孩子早恋对学业会有严重的影响。

不能埋怨、责备、打击孩子。帮助孩子走出早恋的困惑是需要一定时间的，希望爸爸妈妈们有耐心帮助孩子走出误区。

由于现在生活水平的普遍提高，孩子营养供给充分，加上社会环境的改变，孩子性成熟的年龄明显提前，早恋问题也随之提早到来，爸爸妈妈们一定要作好思想准备，在教育方式上，不能极端，也不可放任。要始终以倾听者和大朋友的身份陪伴在孩子的身边。

提高安全意识，保护自身安全

现在的孩子都是独生子女，爸爸妈妈百般呵护，生怕孩子受到一丁点儿伤害，而父母的溺爱让孩子丧失了自我保护的意识与能力，离开了爸爸妈妈，孩子就变成了离开土壤的花朵，十分脆弱。

正因为如此，父母就时刻守护在孩子身边，这样也束缚了父母的行动，真不知道这种恶性循环何时才能停止。而最令人担心的是孩子一点儿不懂得自我保护，不知道什么是危险，什么是不能接触的事物。

生活是美好的，但生活中也处处存在着危险。所以，我们现在关键的任务就是要让孩子自己建立起安全意识，学会自我保护。

有项调查发现，有60%的事故是发生在家里或者在家的周围。因为在家里，孩子与父母都会放松警惕，认为家里就是最安全的地方。而现代家电的种种错误使用，就是最直接的安全隐患。如若孩子早有良好的保护意识，就不会发生新闻里报道的种种惨剧了。

年幼的孩子完全不懂得自我保护，而进入少年时期的孩子又急于长大，他们独自走街串巷，游走于各种公共场所。可是，虽然他们的身体发育已接近成年人，但安全防范意识仍旧是一片空白。

所以，我们不仅仅要自己去舍身保护孩子，还要教会孩子自我保护。我们不能时刻跟随在孩子左右，当我们不在的时候，孩子要靠自己，为自己树立起一道保护的屏障。

那么，在培养孩子安全意识上，我们需要做些什么呢？

基本的安全知识不能大意

年纪相对较小的孩子，我们可以直接传授，把安全知识读给孩子们听。

比如家用电器的使用和安全注意事项；煤气炉具的安全使用；化学物品、药品的标识及使用；如何遵守交通规则；上学放学路上要与同学结伴走；不要随便与陌生人搭话或吃陌生人给的食物；注意保护自己的身体，不能让硬物、锐器损伤身体任何部位等等。

告诉孩子发生危险时，应该怎样应对

单单告诉孩子什么是危险的，这样并不足够，我们还要告诉孩子发生危险时要怎样处理，这才是最重要的。

比如煤气泄漏时要先切断气源，开窗通风，千万不能马上开灯、关电子打火开关，否则会引起爆炸；遇到意外，会打报警电话、急救电话如110、119等；懂得一些基本医学知识；万一被人强行拐带走，要懂得寻找机会逃脱或找当地公安机关、政府部门等等。

注意培养孩子的自我控制能力

有的孩子对安全知识也知道一些，但是他们调皮捣蛋，自控能力差，一旦玩起来，就忘乎所以，要么伤害了自己，要么伤害了别人。所以，我们平时要注意培养孩子的自控能力。既能自控又知晓安全知识，这样的孩子才是真正懂得自我保护的孩子。